AF241008

VICTOR HUGO CHEZ LUI

IL A ÉTÉ TIRÉ

Cinquante exemplaires numérotés :

5 exemplaires sur papier de Chine, avec épreuve d'artiste
sur japon. Prix . . . . 10 fr. »
45 exemplaires sur papier teinté, avec épreuve
d'artiste sur chine. Prix . . . . 6 fr. »

ÉVREUX, IMPRIMERIE DE CHARLES HÉRISSEY.

GUSTAVE RIVET

VICTOR HUGO

CHEZ LUI

ÉDITION ILLUSTRÉE D'UNE EAU-FORTE

PAR FRÉDÉRIC RÉGAMEY

PARIS

MAURICE DREYFOUS, ÉDITEUR

13, RUE DU FAUBOURG-MONTMARTRE, 13

PRÉFACE

Au moment de publier ce livre, je suis allé
trouver Victor Hugo.

« Cher Maître, lui ai-je dit, voici plus de sept
ans que j'ai l'honneur et le bonheur de vous con-
naître, de vous voir et de vous entendre ; je vous
ai religieusement écouté, et j'ai écrit mes souve-
nirs. Je viens vous prier d'y jeter les yeux, et
vous demander la permission de les publier ».

Victor Hugo me répondit : « Je me livre tout
entier à vous ; vous pouvez répéter tout ce que
vous m'avez entendu dire ici. Mais je ne veux pas

lire une seule ligne de votre manuscrit, car je
serais forcé d'y supprimer des choses que je trou-
verais trop aimables, j'en suis sûr, et, si je les
laissais, j'aurais l'air de les approuver.

« Quant aux inexactitudes qui se seront glissées
dans vos souvenirs, elles ne m'inquiètent point ;
il y en aura, et il ne peut en être autrement,
puisqu'il y en a même dans le livre de Mme Victor
Hugo : *Victor Hugo raconté*. »

Comme je m'étonnais, le poëte poursuivit :

« Je vais vous dire comment le livre de
Mme Victor Hugo a été écrit. Je causais tous les
jours chez moi, comme je cause encore ; Vac-
querie lui dit un jour : « Vous devriez écrire
« tout ce que votre mari raconte. »

— « Mais je ne sais pas écrire, » répondit-
elle.

« Vacquerie insista, et il n'avait pas tort ;
Mme Victor Hugo avait un talent naturel qui lui
créait un style d'un charme tout particulier.

« Elle écrivit donc au jour le jour ses souve-
nirs. Quelquefois, le soir, elle me disait : « Ra-

« contez-moi donc telle histoire... que vous
« m'avez dite jadis. » Je la racontais, et elle en
prenait note.

« Quand elle eut fini, elle voulut me donner
son manuscrit, me demandant de le lire et de le
corriger, et je lui répondis, comme je viens de
le faire pour vous : « Non, je ne veux pas le con-
« naître, parce qu'il y a sans doute des choses
« que ma modestie ne pourrait pas y laisser, et,
« si je le corrigeais, ce ne serait plus un livre de
« vous, ce serait un livre de moi. » — Mon fils
Charles fut de mon avis ; je n'ai connu le livre
qu'après son apparition, il en sera de même du
vôtre.

« Je vous disais qu'il y a des erreurs, et il y en
a d'assez sérieuses ; en voici un exemple :

« J'avais écrit, pour *Marion Delorme*, deux dé-
noûments : l'un terrible, inexorable, fatal, le
dénoûment antique ; l'autre, adouci, attendris-
sant et plus humain. L'un devait produire une
impression d'effroi eschylienne, l'autre faire ver-
ser des larmes.

« J'étais assez séduit par le premier, qui avait peut-être plus de grandeur tragique, mais je n'étais pas décidé contre le second. Au fond, j'étais aussi content de l'un que de l'autre.

« Je lus ces deux dénoûments à Sainte-Beuve qui était alors de mes amis, ou que je croyais de mes amis. Il préféra le dénoûment terrible. « Le « second est touchant, me dit-il, mais le pre-« mier est plus antique et d'une impression plus « fatale. » Je suivis son conseil, et je lus ce dénoûment aux artistes de la Porte-Saint-Martin.

« A quelques jours de là, les rôles étaient distribués.

« Mme Dorval vint me trouver et me dit :

« — Monsieur Victor Hugo, vous avez écrit un « autre dénoûment. »

« — Oui ; qui vous l'a dit ? »

« — C'est Mérimée, qui le tient de Sainte-« Beuve. »

« (Elle voyait beaucoup Mérimée à cette époque.)

« — C'est vrai », lui dis-je.

« — Oh ! je voudrais bien le connaître, afin
« de mieux comprendre ce que vous avez voulu
« faire de Marion, et mieux me pénétrer de votre
« pensée pour la création de ce rôle ! »

« Je lui lus mon second dénoûment.

« Quand elle l'eut entendu, elle me dit : « Oui !
« l'autre est bien beau ; mais celui-là, je suis
« sûre que je le jouerais mieux. Je ne suis pas
« une héroïne antique : si vous vouliez m'accor-
« der le second dénoûment, vous me rendriez
« bien heureuse. »

« — Je ne tiens pas plus à l'un qu'à l'autre ;
« si celui-là vous plaît, jouez celui-là.

« Je n'avais pas, en effet, de raison pour im-
poser l'un plutôt que l'autre, puisque je les avais
faits tous les deux avant de prendre l'avis de qui
que ce soit ; et, sur ses instances, je donnai à
Mme Dorval le dénoûment pathétique.

« Eh bien ! Mme Victor Hugo raconte que c'est
d'après l'avis de Mérimée que j'ai changé mon
dénoûment. Comme vous le voyez, il n'en a été
que l'occasion absolument indirecte et lointaine,

et il ne pouvait avoir une opinion sur l'œuvre, puisqu'il ne la connaissait pas.

« — Et vous n'avez pas brûlé votre premier dénoûment, cher Maître ! » dis-je à Victor Hugo.

« — Non ! je ne brûle aucun papier ; la postérité se chargera de brûler ce qu'elle voudra, elle choisira le dénoûment qui lui sera agréable, elle publiera ce qu'elle voudra de mes œuvres, elle en fera des éditions, — avec un glossaire si elle veut, — ajouta le poëte en riant !

« Et maintenant, pour revenir à vous, me dit-il, vous me demandez mon consentement, je vous l'accorde de grand cœur : et d'avance je vous pardonne. »

Muni de cette précieuse absolution, cher lecteur, je t'offre ce livre.

CHAPITRE I

Cher lecteur... — Le trône de Victor Hugo. — 21, rue de Clichy. — Le salon rouge. — Le cabinet de travail. — Les amis.

Je n'ai pas eu l'intention d'écrire une biographie de Victor Hugo. Pour la faire complète, il faudrait entreprendre l'histoire littéraire et politique de son siècle. Nous avons, du reste, tant de belles pages qui parlent de lui ! La noble et admirable compagne du Maître a écrit, dans un livre ému et souriant, la jeunesse de l'enfant sublime, les premières luttes du poëte et ses premiers triomphes. Victor Hugo a publié ses Actes et Paroles. Tout le monde connaît sa vie publique.

Mais l'homme extérieur n'est pas le seul inté-

ressant. Il y a un Victor Hugo que l'on ne connaît pas ou que l'on connaît mal, un Victor Hugo
dont l'avenir ne pourra se faire une idée que par
les récits de ceux qui ont le bonheur d'approcher
le poëte.

J'ai donc voulu, avec une scrupuleuse sincérité, peindre l'homme tel que je le vois tous les
jours. C'est Victor Hugo chez lui, racontant mille
anecdotes, mille souvenirs curieux. C'est Victor
Hugo, grand-père attendri, et se faisant petit avec
ses petits-enfants. C'est Victor Hugo causant des
choses du jour, des affaires politiques, ou des
œuvres littéraires, et semant à pleines mains dans
la conversation, comme un millionnaire qu'il est,
ses idées superbes, revêtues de la forme unique
et définitive que leur donne son art souverain.
Parfois, c'est le génie en belle humeur : — Et
je suis sûr que la foule de ses admirateurs nous
saura gré de lui avoir livré quelques notes intimes
sur le grand poëte.

*
* *

Quelques corsaires de lettres, sans conscience et sans drapeau, dénigreurs de tout ce qui est grand parce qu'ils sont petits, m'avaient dit avec un rire de sarcasme et d'ironie : Victor Hugo reçoit chez lui sur un trône.

Je trouvais, au fond, tout naturel que Victor Hugo eût un trône, mon imagination me le représentait « dans quelque attitude éternelle de génie et de majesté ». Et je me serais prosterné devant lui cent fois plus volontiers que devant quelque royal imbécile dont le seul mérite est d'être vêtu d'un manteau de pourpre, et coiffé de ce bonnet carnavalesque qu'on appelle une couronne.

Mais jugez de ma stupéfaction quand je vis que ce trône légendaire est un simple canapé où le visiteur prend place près d'un homme du monde, trouvant un mot aimable pour chacun de ses invités, causant sans apprêt et sans pose, toujours affable et souriant.

Voilà le prodige ! voilà ce qui frappe et émerveille tous ceux qui ont le privilége d'entrer dans la maison du poëte ! tant de simplicité jointe à tant de grandeur ! tant de gloire et tant de bonté ! un si immense esprit, tout amical et paternel !

Aussi, dès ma première visite, mon enthousiaste admiration pour le Maître s'accrut d'une affection qui, de jour en jour, est devenue plus profonde et, pour ainsi dire, toute filiale. Je fus séduit par la simplicité, et attaché par la bonté de l'homme, autant que j'avais été frappé de la grandeur et ébloui de l'incomparable éclat de ce génie !

*
* *

On n'est pas impunément un chef d'école, un réformateur, un justicier. — On n'illumine pas un siècle entier sans faire crier les oiseaux de nuit.

Les passions littéraires, les rancunes politiques, les haines cléricales, se sont tour à tour armées contre Victor Hugo. Des hommes qui ne méritent pas l'honneur de tenir une plume, l'ont raillé et insulté. Mais qu'importe ?..

Un jour, devant Théophile Gautier, un jeune

homme s'écriait avec indignation : « Est-il permis d'outrager ainsi ce que nous avons de plus grand ! » Et Théo, avec son air tranquille et sa voix grave, lui répondit : « Veux-tu empêcher les moineaux de... fienter sur les têtes des statues ? »

Pour démolir les criminelles légendes qui transforment Victor Hugo en buveur de sang, il suffit de le connaître. Pour anéantir les contes aussi ineptes que ridicules de la basse presse, je veux, cher lecteur, vous faire pénétrer un instant dans la maison du grand poëte, toujours jeune et plein d'une verte séve avec ses soixante-quinze ans. — Que ne puis-je vous faire asseoir à sa table, et vous faire entendre de vos propres oreilles, au lieu de vous en apporter cet écho affaibli et imparfait, soit son aimable causerie, ou ses hautes et nobles paroles, ses récits attachants, ses plaisanteries spirituelles et gaies, quelquefois mêmes gauloises, car le père de la renaissance contemporaine ne dédaigne point le xvie siècle, et Hugo tend volontiers la main à Rabelais.

*
* *

C'est au numéro 21 de la rue de Clichy, près de la maison où dans son enfance il avait demeuré avec sa mère, que le poëte habite maintenant avec ses petits-enfants.

Le soir, pour recevoir ses amis, il descend chez cette généreuse et vaillante femme qui lui sauva la vie en décembre 1851, et qui fut la consolatrice et l'inspiratrice de son exil.

Soulevez cette portière, nous sommes dans le salon tendu de tapisseries rouges à raies jaunes enguirlandées de fleurs. Aux côtés de la cheminée, des appliques de Venise. Ici un grand meuble aux incrustations d'étain, dont les dessins représentent les scènes fabuleuses du *Roman de Renart*.

Au milieu du salon, et le divisant en deux parties, se dresse sur un piédestal, un chef-d'œuvre de l'art japonais, un éléphant au combat, levant sa trompe menaçante et portant sa tour de bronze, au-dessus de laquelle descend le lustre de vieux Venise aux branches de couleurs variées, tordues en spirales, et décorées de fleurs délicates.

Là-bas, dans le coin, à droite de la cheminée,

presque au-dessous d'une admirable pendule Louis XV, sur laquelle est assis le Temps armé de sa faux traditionnelle, un canapé de velours vert, siége ordinaire et préféré du poëte.

C'est là qu'il s'assied après dîner. Il ne se tient point, comme on a pu vous le dire, debout devant sa cheminée, dans l'attitude d'un homme qui pose pour la postérité, ou parle à la tribune. Il est là, vêtu de son petit veston de la journée, sans cérémonie, familier, riant, causant avec tous ceux qui viennent le voir, comme s'ils étaient des égaux et des *camarades*. Jamais homme n'a été si peu solennel !

Mais la causerie s'interrompt, Victor Hugo se lève pour saluer une dame qui entre dans son salon, il lui baise galamment la main, la fait asseoir, puis reprend sa conversation.

A la fin de la soirée, il offre le bras aux dames, l'on revient à la salle à manger où est servi un petit lunch, et là se continuent les histoires, les récits ou les discussions. Puis, il est minuit, souvent minuit et demi ; on se lève ; le maître de céans reconduit ses convives, et dans l'antichambre il recommande gracieusement aux dames de se bien couvrir, et les aide lui-même à mettre leur manteau. Et voilà le *pontife!*

*
* *

Le cabinet de travail ne se raconte pas. Du parquet au plafond c'est un indescriptible amas de livres, de lettres et de journaux; les meubles, la cheminée, les siéges, ont disparu. A peine, au milieu de ce chaos, reste-t-il au poëte un étroit sentier frayé pour aller de la porte à la fenêtre. C'est que Victor Hugo a une correspondance plus volumineuse que celle de dix ministres, et sous cette marée montante de lettres, de journaux et de livres qui roule vers lui de toutes les parties du monde, un jour prochain, il sera lui-même englouti.

Des mères et des jeunes filles, des jeunes gens et des hommes, il reçoit des lettres touchantes d'admiration et de respect. C'est pour lui dire leur émotion et leur enthousiasme que les poëtes bégayent leurs premiers vers, c'est à lui que s'adressent tous ceux qui souffrent et ceux qui aiment, ceux qui doutent et ceux qui croient. Et il envoie à l'un une aumône, à l'autre un remercîment, un encouragement, une consolation ; et c'est le bonheur qu'il leur donne à tous avec un mot de lui, souvenir précieux, relique inestimable.

Mais il lui faudrait une vie d'homme, pour lire toutes les lettres que lui adressent ses admirateurs ; et une autre vie d'homme pour répondre une ligne seulement à chacune : le poëte ne peut donc suffire à la tâche.

Or, si dans sa bonté Victor Hugo ne veut pas refuser un mot de sa main à ces inconnus qui lui envoient le meilleur de leur âme, il se doit aussi à son œuvre et aux générations qui en vivront. Victor Hugo ne cesse de travailler, il répète volontiers ces mots qu'il a pris pour devise : « *Nulla dies sine lineâ.* » Jamais ce puissant esprit ne se repose ; toujours dans sa pensée de nouvelles conceptions succèdent au livre achevé, et chaque année apporte une pierre de plus au monument colossal de son œuvre.

Que ceux donc à qui il ne peut répondre se consolent, en songeant qu'ils liront dans les livres du Maître quelques strophes, quelques pages de plus !

*
* *

C'est dans le salon rouge que se réunit, le soir, autour du Maître, toute une légion d'hommes qu'attirent sa grandeur et sa bonté. C'est là que sénateurs et députés, poëtes et peintres, romanciers et journalistes, viennent apporter au *Père* le tribut de leur vénération et de leurs applaudissements.

Comme sur un sommet où l'air est plus pur, il semble qu'autour de lui passe je ne sais quel souffle d'idéal et de poésie, et tous, artistes et penseurs, viennent respirer un peu de l'air qui l'environne.

Homère, par la bouche d'un héraut, fait parfois le dénombrement des guerriers qui suivent le chef. Je ne finirais pas si je voulais énumérer tous les hommes que j'ai vus chez Victor Hugo. Mais, suivant cependant l'exemple du vieil aède, je veux nommer au moins quelques-uns de ceux qui composent le bataillon sacré et comme la garde d'honneur du Maître illustre.

Près de lui viennent assidûment les amis de ses fils, et ses fils par le cœur et le dévouement : A. Vacquerie, le polémiste sans rival, le causeur intarissable, semant à pleines mains la satire sur les choses et sur les hommes ; Paul Meurice, le dramaturge aimé de la foule.

Là j'ai vu Louis Blanc, Schœlcher, Gambetta, E. Lockroy, Jules Simon, E. Lefèvre, Noël Parfait, Allain-Targé, Peyrat, G. Périn, Clemenceau, colonel Langlois, Laisant, Spuller, Naquet, Deschanel, Lafont, Garnier-Pagès, Lacretelle, Ménard-Dorian, Edmond Adam, Bardoux, Ferrouillat, Corbon, Barodet, Oudet, Massicault, A. Rey, De Marcère, G. Guillemot, Lecanu, Renan, de Biéville, Gustave Flaubert, A. Daudet, E. Augier, de Goncourt, Th. de Banville, Leconte de Lisle, Monselet, E. d'Hervilly, Lemerre, M. Dreyfous, A. Collignon, E. Magnier, Blondeau, L. Valade, Catulle Mendès, Louis Kock, Paul Foucher, E. Blémont, Paul Parfait, Guillaumet, Bonnat, Charles Blanc, Pierre Véron, Laujol, Gineste, P. Elzear, R. Lesclide, Léon Cladel, Generès,

E. Blum, A. Gill, A. Mérat, Lemonnier, Léon Richer, Gouzien, Montrosier, Burty, Albert Roussel, Philippe Asplet, Lafagette, Rollinat, Deveria, Jules Claretie, Paul de Saint-Victor, Talmeyr, Camille Pelletan, Gaulier, Hebrard, Rosetti, Frémine, Lomon, Tony Révillon, Régamey, A. Delaforge, Chifflart, Demeny, Charpentier, Hippolyte Lucas, Gonzalès, Robelin, E. Texier, Louis Leroy, I. Rousset, Arsène Houssaye, de Lapommeraye, général Bordone, Emmanuel des Essarts, Henri Houssaye, Bochet, A. Pelleport, docteur Sée, docteur Allix, H. Martin, Gal Wimpfen, etc., etc.

Qu'on n'imagine pas, en passant ce seuil, pénétrer dans un antre où rugissent sans cesse des poëtes chevelus et des politiques en délire. De gracieux sourires illuminent cette caverne !

Auprès de Mme Drouet, qui porte comme un diadème royal sa couronne de cheveux blancs, rayonne la jeunesse de Mme Alice-Charles Hugo, aujourd'hui Mme E. Lockroy : le charme et la grâce, l'idéal de la jeune mère, ayant auprès d'elle la petite tête blonde et mutine de Jeanne, et le front déjà pensif, les yeux noirs et profonds de Georges, beau comme un jeune dieu.

Puis Mmes Ménard-Dorian, Edmond Adam, Mmes et Mlle Ernest Lefèvre, L. Asseline, Massicault, Bowes, Hippolyte Lucas, J. Claretie, E. Quinet, Judith Gautier, de Lacretelle, Versigny, Charpentier, Gustave Rivet, A. Daudet, Blémont, Allain-Targé, Mme et Mlle Noël Parfait, Allix, Paul Parfait, Renan, Cladel, Hebrard, Jules Simon, de Banville, Leconte de Lisle, L. Kock, Rosetti, A. Gouzien, Mlles Meurice, Claire de Saint-Victor, Clémence Texier, Isaure Roux, Valentine Lesclide, etc.

C'est dans cette société d'élite, réunie autour du Maître, que j'ai passé des heures inoubliables. Que de choses charmantes ou superbes j'ai entendues, lorsque, à sa table ou dans son salon, il tient ses convives ou ses visiteurs attentifs et charmés, suspendus à ses lèvres !

Il faudrait que rien ne fût perdu de ce qui tombe de sa bouche.

Parfois, en rentrant chez moi, j'ai jeté rapidement sur le papier quelques notes, mais elles me désespèrent par leur sécheresse et leur froideur ! Il me semble encore entendre Victor Hugo conter, avec sa verve inépuisable, ses amusants récits, ou élever la voix pour dire de fières paroles. Je n'ai pu que de bien loin, et trop imparfaitement, donner le texte de ses causeries. A chaque page que j'écrivais, je me disais avec désespoir : « Ce n'est pas ça ! » Et je songe au regard, au geste, à la voix, au sourire, toutes choses que rien ne peut traduire, et dont je ne puis donner l'idée à ceux qui n'ont pas le bonheur de voir Victor Hugo chez lui.

Maintenant, cher lecteur, le défilé des souvenirs commence.

CHAPITRE II

Le petit Victor pleure. — Le roi Joseph. — Victor Hugo
espagnol. — Jugement sur l'expédition d'Espagne. — Le
général Hugo et le cardinal-archevêque de Tolède. —
Domine salvum fac regem. — L'inquisition. — Les
condamnés délivrés. — Les juifs en Allemagne.

Hugo, qui est le grand-père que vous connais-
sez, « autorité foulée aux petits pieds de Jeanne » ;
lui qui a pour ses petits-enfants toutes les fai-
blesses, je dirais même toutes les lâchetés, si
Mlle Jeanne me promettait de ne pas m'en garder
rancune, Victor Hugo, dis-je, a été élevé mili-
tairement par son père.

Il nous conta, un soir, cette anecdote de son
enfance :

« J'avais cinq ou six ans ; je pleurais. Mon

père m'entendit et ne me gronda point, mais voici quelle punition il m'infligea :

« Oh ! la pauvre petite fille, dit-il avec une froide ironie, qu'a-t-elle donc ? quelle peine lui a-t-on faite ? Je ne veux pas qu'on la gronde, les petites filles ont le droit de pleurer. — Mais pourquoi lui mettez-vous des habits de garçon ? Vous lui ferez une belle robe, et demain vous la promènerez aux Tuileries. »

« Le lendemain, comme l'avait ordonné mon père, la bonne me mit une robe de fille et m'emmena aux Tuileries. J'étais très-humilié, comme bien vous pensez ; mais, depuis ce jour jusqu'à l'âge d'homme, je n'ai plus pleuré. »

*
* *

Le général Hugo, fort apprécié de Joseph Bonaparte, nommé par lui gouverneur de trois provinces d'Espagne, avait fait venir sa famille à Madrid.

Un jour, le général dit à son fils Victor, qui avait à peu près neuf ans :

« Le roi veut te voir; — quand il te parlera, n'oublie pas de lui répondre toujours : « Oui, sire; non, sire. » — Cette leçon faite, le général mène le petit Victor au palais.

Le roi arrive, le général lui présente son fils. Joseph, tout à fait bonhomme, prend l'enfant sur ses genoux, le caresse, lui fait quelques questions, et naturellement le petit Victor répond imperturbablement : « Oui, monsieur; non, monsieur. »

En vain le général essayait, par ses signes, de lui rappeler la recommandation qu'il lui avait faite, le petit Victor ne cessa pas d'appeler le roi « monsieur ».

Joseph Bonaparte, nullement choqué du reste, tapa familièrement sur la joue de l'enfant, et, le congédiant, il dit au général : « Il est bien gentil, il sera bientôt un de mes pages, commme son frère. »

Victor Hugo, en effet, grandissait pour la cour d'Espagne; son père avait été fait comte de Cifuentes et de Siguenza, — deux noms de victoires, — Victor fut mis au collége des nobles. Il parlait l'espagnol. — Et si la monarchie de Joseph Bonaparte eût duré, si l'Empire colossal de Napoléon 1er ne se fût écroulé, Hugo, grand d'Espagne et poëte espagnol, eût peut-être oublié la France.

*
* *

Tout en faisant les justes et nécessaires restrictions sur l'ambition de Bonaparte et sur ses calculs égoïstes, Victor Hugo admire dans cet homme le capitaine.

Et à propos de l'expédition d'Espagne, si violemment blâmée par quelques historiens, il nous dit un soir que, quels qu'en aient été les motifs, et malgré Bonaparte lui-même peut-être, cette guerre avait été pour l'Espagne une délivrance.

La famille des Bourbons présentait ce tableau touchant du père et du fils armés l'un contre l'autre. Charles IV et Ferdinand VII faisaient appel aux armes étrangères, et disaient à Napoléon, l'un : « Délivrez-moi de mon père, » l'autre : « Délivrez-moi de mon fils. »

Napoléon les mit d'accord en les chassant l'un et l'autre, et il donna leur trône à son frère Joseph. On vit alors Ferdinand VII, platement soumis, écrire à Joseph Bonaparte pour lui demander son amitié, et ordonner à tous les Espagnols de reconnaître l'usurpateur pour roi.

Le peuple, que son souverain abandonnait si facilement, et qu'il cédait comme un bétail à l'étranger, ne voulut pas souscrire à cette honte. Il se révolta. On connaît la patriotique et terrible résistance de l'Espagne.

Remplacer par un roi étranger les Bourbons, si impopulaires qu'ils fussent, ce n'est pas tout à fait là ce que j'appellerais une émancipation ; mais la vraie délivrance fut celle des esprits et des consciences. Dans cette guerre d'Espagne, comme dans notre Vendée, c'était le fanatisme religieux qui soufflait sur le patriotisme. Et l'expédition française porta un coup terrible à la puissance cléricale.

En dix années, nos soldats n'avaient pas changé d'esprit. C'étaient toujours les hommes de la Révolution, et ils portaient à l'étranger, avec les armes de la France, l'incrédulité voltairienne, et les principes des Droits de l'homme.

Les généraux, comme les soldats de l'Empire, étaient anti-religieux, et quand Napoléon se fit sacrer par le pape, ils dirent : « Le voilà qui tombe dans la cléricaille, il baisse ; il est perdu ! »

Le général comte Hugo n'aimait point les calotins, comme on les appelait couramment dans l'armée ; et il n'admettait point que, sous prétexte qu'ils vendent des prières, ils s'érigeassent en maîtres, et se crussent placés au-dessus des lois.

Gouverneur de trois provinces, il était à Tolède. On vint l'avertir, un jour, que le cardinal-archevêque de Tolède, en chantant le *Domine salvum fac* à la fin de sa grand'messe, omettait le nom du roi Joseph. — Sans doute avec les restrictions où les additions mentales de l'école jésuitique, il priait pour le roi de son cœur, Ferdinand VII.

Le général gouverneur voulut s'assurer lui-même de la chose.

Contre son habitude, il se rend un dimanche à la grand'messe, et prend près de l'autel sa place officielle, où on ne le voyait jamais. Puis, il attend.

La messe finie, le cardinal entonne : « *Domine salvum fac regem, et...* » — Il n'acheva pas, car le gouverneur, l'interpellant militairement, lui cria : « Eh ! là-bas, est-ce que vous vous f..... de nous ? Recommencez-moi ça ! et ajoutez *Josephum*, s'il vous plaît ! »

Stupéfait, mais respectueux, le cardinal-archevêque de Tolède s'inclina, et entonna de sa plus belle voix : *Domine salvum fac nostrum regem* JOSEPHUM.

On peut juger par cette anecdote combien le prestige des curés et des moines devait être amoindri quand les armées françaises avaient passé dans un pays.

*
* *

On aura peine à croire qu'au commencement de ce siècle l'inquisition tînt encore l'Espagne tremblante et courbée sous sa domination. Tout un peuple était encore à la merci de ce tribunal odieux.

Le 4 décembre 1808, Napoléon décrétait la suppression du saint-office, et l'armée française, chose qu'on ne dit point assez, délivra trente mille prisonniers qui, selon l'expression consacrée, gémissaient dans les prisons où les avaient plongés les inquisiteurs de la foi.

Le saint-office, il est vrai, ne faisait plus monter au ciel, comme un agréable encens, la fumée de cent victimes brûlées dans un seul auto-da-fé. Les bûchers ne s'allumaient plus qu'à de rares intervalles. Les pénalités n'avaient plus cette horreur des premiers temps, mais l'inquisition n'en régnait pas moins toute-puissante encore sur les Espagnols terrorisés.

Outre les tortures n'entraînant pas la mort, et l'emprisonnement à temps ou à vie, le redoutable tribunal infligeait des peines comme celles-ci :

Les condamnés devaient se présenter chaque dimanche, les hommes dans un couvent de moines, les femmes dans une maison de religieuses ; et là, dépouillés de leurs vêtements, ils recevaient un coup de fouet de chaque moine ou de chaque nonne.

D'autres devaient porter, jour et nuit, un voile noir sur la tête ; défense leur était faite de le lever jamais, sous les peines les plus graves.

En supprimant l'inquisition, l'expédition française délivra donc l'Espagne.

***

Victor Hugo se souvient d'avoir vu les instruments de torture, les chaînes et les carcans tirés des prisons du saint-office, promenés triomphalement dans les rues de Madrid.

Après le décret de Napoléon, les Cortès générales, réunies en 1812, prononcèrent solennellement la suppression de ce tribunal barbare. Mais, en 1814, à la chute de Napoléon, en même temps que Ferdinand VII remontait sur le trône, l'inquisition fut rétablie. Elle poursuivit de ses rigueurs les membres libéraux des Cortès qui avaient signé contre elle le décret de 1812 ; et même, en 1824, à Valladolid, le bûcher s'alluma encore pour un juif.

Ce fut heureusement le dernier. Cette année-là même, l'inquisition disparut pour toujours.

*
* *

Comme le bûcher d'un juif, trente ans après la déclaration des Droits de l'homme, nous paraissait monstrueux, Mme D*** voulut bien nous raconter un de ses souvenirs personnels.

Et nous apprîmes que, jusqu'au milieu de notre siècle, à l'étranger — nous ne parlons pas de Rome, où le ghettò subsistait il n'y a pas long-temps — mais en Allemagne notamment, les juifs étaient considérés comme des lépreux, et confinés dans certains quartiers des villes, hors desquels il leur était défendu d'habiter.

Vers 1830, munie de lettres de présentation de M. de Martignac, pour les Rotschild et les Gœtz, Mme D... partait pour l'Allemagne. Ces familles israélites, malgré leurs colossales fortunes, étaient parquées, elles aussi, dans le quartier maudit. A Francfort, une promenade particulière était assignée aux juifs, et, le soir, on fermait leurs rues par des chaînes. L'aïeule des Rotschild habitait encore la maison-mère de la famille, dans une ruelle étroite et noire, et quand elle voulait se promener en voiture, elle était forcée de sortir de sa maison à pied, et d'aller rejoindre son carrosse qui l'attendait dans une rue plus large.

Un membre de la même famille alla jusqu'à offrir cent mille francs pour être admis dans un cercle bourgeois de Francfort. — Il fut outrageusement refusé.

La famille Gœtz proposa à Mme D... une promenade à Mayence. On part en voiture. En arrivant aux portes de la ville, le soldat en faction reconnaît sans doute les Gœtz, les regarde d'un air farouche, et, si la voiture n'eût pas passé rapidement, sans nul doute il eût insulté les voyageurs.

La ville visitée, la voiture reprenait le chemin de Francfort. A la porte, le soldat en faction n'était plus le même; mais il avait sans doute donné le mot à ses compagnons, car, au moment où la voiture passa, ces fanatiques, avec des cris et des huées, jetèrent de la boue et des pierres dans la calèche. Mlle de Gœtz, une belle jeune fille de dix-huit ans, faillit être atteinte. Elle était toute pâle d'effroi.

CHAPITRE III

Une comédie à propos d'un drame. — Le contrôleur souverain. — Plusieurs pères ! — La fin d'un tyran. — La légende de Notre-Dame de Paris. — Voyage en Espagne. — La vallée de Roncevaux.

On parlait de la brillante reprise d'*Hernani* que venait de faire la Comédie-Française, et, entre autres souvenirs, Victor Hugo raconta cette historiette. En 1830, lors de l'apparition de son drame, il y avait à la Comédie-Française un contrôleur nommé L..., fils de la caissière du théâtre. C'était un tyran au petit pied, et la terreur de tous les auteurs. Il prenait dans la maison de Molière une autorité souveraine, et paraissait regarder du haut de sa grandeur, comme un vil troupeau, le reste des hommes. Il était d'une telle impertinence que Victor Hugo envoyant deux de ses amis voir sa pièce, L... leur refusait dédaigneusement l'entrée.

Comme ce fait se renouvela plusieurs fois, et que l'attitude du sieur L..., vis-à-vis de Victor Hugo lui-même, n'était rien moins que convenable, Victor Hugo résolut de parler de ce subalterne autocrate au directeur.

« Je vous prie de mettre ce monsieur à la porte, lui dit le poëte, ou je ne remets plus les pieds au théâtre. »

— « Je ne puis rien, personnellement, répondit le directeur. Ce sont les sociétaires qui seuls choisissent les employés, et ont sur eux la haute main ; adressez donc votre réclamation aux sociétaires. »

Le soir même, Victor Hugo aborde Desmousseaux. « Monsieur Desmousseaux, vous avez eu la bonté de me dire quelquefois que vous teniez à me conserver au Théâtre-Français... »

— Ah! monsieur Hugo ! vous savez combien je vous admire : que puis-je faire qui vous soit agréable ?

— Vous avez ici un contrôleur que je ne puis

souffrir. Il faut qu'il parte! sinon je ne puis plus reparaître au théâtre.

— Ah! oui, L..., un être insupportable! un gredin! mais il faut vous dire : je ne puis pas le chasser... Ici Desmousseaux, visiblement embarrassé, baissa la voix, et, se penchant à l'oreille de Victor Hugo : « C'est mon fils! »

C'est bien, dit en lui-même le poëte, passons à un autre...

Le lendemain, il avise Monrose dans la coulisse et va à lui :

— Monsieur Monrose, vous avez bien voulu me témoigner quelque sympathie !

— Ah! monsieur Hugo, vous êtes notre espoir! Le Théâtre-Français compte sur vous!..

— Eh bien, je ne peux pas rester ici, si vous gardez un contrôleur qui...

— L...! ah oui! un être odieux! c'est vrai! mais je ne puis pas le chasser!.. Et baissant la voix comme Desmousseaux, comme Desmousseaux Monrose ajouta : « C'est mon fils! »

Piqué au jeu, et trouvant l'aventure plaisante, je me suis successivement adressé, dit Victor Hugo, à tous les autres sociétaires : tous, à

l'unisson, comme Monrose et comme Desmous-
seaux, me répondirent : « Oui ! L... ! un animal !..
mais je ne peux pas le chasser !.. c'est mon fils !..»

« Il paraît que la caissière du Théâtre-Français
avait eu d'égales bontés pour la raison sociale
tout entière. Et voilà comment je n'ai pas fait
partir L...! »

A. Vacquerie, qui écoutait l'histoire, la com-
pléta en nous apprenant comment finit ce contrô-
leur si bien apparenté. Mariant plus tard sa fille,
il eut la bêtise d'inviter les sociétaires de la Co-
médie-Française.

En arrivant chez leur contrôleur, les comédiens
ne furent pas peu surpris de voir un appartement
luxueusement meublé. Et jetant un coup d'œil
autour d'eux, ils ne purent retenir leurs excla-
mations !

— Mais, dit l'un, stupéfait ! cette lampe est
celle que nous avions au magasin !

— Je ne me trompe pas, dit un autre ! c'est
la tenture que nous avons tant cherchée !

— Ce fauteuil, ajoutait un troisième, mais
c'est une vieille connaissance !

L... s'était meublé avec les accessoires de la

Comédie-Française. Il s'était taillé des rideaux dans les tentures, et, quoiqu'ayant une position modeste au théâtre, il donnait une riche dot à sa fille !

Le lendemain, tous ses pères le mettaient à la porte !

*
* *

La légende s'empare des grands hommes, même de leur vivant.

En 1831, dans cette année féconde qui n'a d'égale que 1877, le poëte venait de faire jouer *Marion Delorme*, et de publier avec les *Feuilles d'automne*, *Notre-Dame de Paris*. Le retentissement de ce livre attirait une foule de curieux à la vieille basilique de Philippe-Auguste.

Victor Hugo y conduisit un jour une dame pour lui faire lui-même les honneurs de *sa* cathédrale.

Quand le cicerone obligé qui accompagnait les visiteurs fut arrivé près la chambre du sonneur au-dessus de la galerie, ouvrant la porte d'une cellule : « C'est là, dit-il, que Victor Hugo a écrit son roman. Il n'a pas quitté cette chambre sans avoir fini son livre. Voilà sa table, sa chaise et son lit.

Victor Hugo écoutait impassible.

— Et comment vivait-il, demanda malicieusement la dame?

— Oh! pour la nourriture, il n'était pas difficile, allez, répondit le guide sans se déconcerter, il mangeait comme nous. »

Victor Hugo rit sous cape, et sans se faire connaître, donna un pourboire à ce cicerone véridique qui lui avait fait avec tant d'assurance les honneurs de sa propre chambre... où il n'avait jamais mis les pieds.

*
* *

Que de fois il est arrivé au poëte de trouver, en voyageant, son nom gravé sur la pierre de quelque monument; et, sur les registres où les touristes écrivent leurs impressions, *signé de son nom*, œuvre de quelque lyrique incompris, un

distique ou un quatrain sur la beauté du site ou
l'azur du ciel.

*
* *

Victor Hugo n'a pas seulement visité la France
et les bords du Rhin d'où il a rapporté un livre
si vivant et si plein de charme ; il a voulu aussi
revoir l'Espagne, cette vision de ses premières
années. Il avait couru la Catalogne, le Guipuscoa,
la Biscaye, etc., etc. En rentrant en France, il
eut le désir de passer par la vallée épique de Ron-
cevaux. Roland, Charlemagne, tous ces héros de
la future *Légende des siècles*, hantaient l'esprit du
poëte. Il voulait voir le défilé historique.

Arrivé au pied des Pyrénées, dans je ne sais
quel village, il demande à la posada où il pour-
rait trouver un guide : on lui indique une maison
reculée, au bout du village. Le poëte s'y rend
et arrive devant une masure noire, dont la porte
était ouverte. Il entre, et se trouve dans une
espèce de salle basse au plancher de terre bat-
tue ; ses regards tombent tout d'abord sur une

grande et belle fille, qui, nue jusqu'à la ceinture, peignait un flot de cheveux noirs qui roulaient en ondes sur ses épaules. — Une vieille femme surveillait le foyer où cuisait une bouillie, et, dans un coin, un homme fourbissait son fusil. — La belle fille, sans s'intimider à l'entrée de l'étranger, continua à peigner et à tordre ses cheveux, et l'homme, un rude compagnon à la mine sauvage, s'avança au-devant du visiteur :

— Qu'y a-t-il pour votre service, senor, demanda-t-il ?

— On m'a dit que vous pourriez nous servir de guide pour passer la montagne.

— Oui, senor.

— N'y allez pas, senor, cria la vieille.

— Taisez-vous, femme, reprit durement le maître du logis. Et pour faire oublier au voyageur ce qu'il pouvait y avoir de menaçant dans le conseil de la vieille, l'hôte empressé et obséquieux s'empressa, dans un flux de paroles, d'affirmer qu'il était un guide excellent, que nul mieux que lui ne ferait passer la montagne au senor et aux senoras. — Bref, le prix débattu, il fut convenu que le lendemain, au point du jour,

le guide viendrait à la posada éveiller les voya-
yeurs.

Mais le soir, pendant le souper, apprenant que
ses hôtes voulaient passer par Roncevaux, le
maître de la posada raconta les histoires les moins
rassurantes, et les détourna vivement de leur
dessein ; il dit que la montagne était infestée de
bandits, que quatre jours auparavant des voya-
geurs avaient été pillés et assassinés. Les dames
prirent peur, elles avouèrent qu'elles n'avaient
nulle envie de faire connaissance avec les bandits
espagnols. Victor Hugo eut beau les encourager,
elles déclarèrent qu'elles ne partiraient pas.

Le lendemain de grand matin, le guide arrive,
demande ses voyageurs, et, quand ils déclarent
qu'ils ne partent pas, il entre dans une grande
colère, déclarant que c'est un affront sanglant
qu'on lui fait ! Il veut contraindre les voyayeurs
à se mettre en route. Il fallut aller devant le cor-
régidor.

Victor Hugo se nomme.

— Seriez-vous parent du général comte Hugo?
demande le corrégidor.

— C'était mon père, répondit le poëte.

Et voilà le corrégidor en liesse : — Ah! senor! j'ai connu votre père ! Quel excellent gouverneur !.. Et le bon corrégidor racontait ses vieux souvenirs.

Puis, s'adressant au muletier : « Allons, mauvais drôle, va-t-en! et laisse le senor et les senoras tranquilles. »

Victor Hugo donna à son guide une indemnité qui l'apaisa, et la caravane rentra en France sans passer par Roncevaux.

CHAPITRE IV

Voyage à Louviers. — Un singulier garçon. — Un archéologue en délire. — L'histoire du mot : *gamin*. — Une note des *Misérables*.

Vers 1834, Victor Hugo voyageait en Normandie avec Célestin Nanteuil et quelques autres amis. Mme D... était du voyage.

Le joyeuse caravane qui allait de ville en ville au gré des coches et des diligences, arriva un soir à Louviers. Il était nuit close, et l'on s'installa à la hâte dans l'auberge même où s'arrêtait la diligence.

Le lendemain, dès le matin, Victor Hugo et ses amis visitaient la ville. Mme D... était restée à l'auberge. Peu satisfaite du confort de l'hôtellerie, elle fit à son lever quelques observations au domestique qui parut n'en prendre qu'un médiocre souci. Puis, quand vint l'heure du déjeuner, elle descendit à la salle où le garçon, dressant le couvert, allait et venait d'un air très-préoccupé.

Mme D... s'occupant du menu, demanda des œufs.

— « Oh oui, madame ! on va courir vous en chercher à la ferme !

Elle s'approcha d'un buffet, et voyant des fruits elle dit au garçon : « Vous nous servirez des fruits ! »

— « Oh ! vous n'aurez pas ceux-là, madame, ils ne seraient pas dignes de vous ! on est allé en cueillir d'autres. »

*
* *

Mme D..., stupéfaite du changement d'attitude de ce garçon, le regardait avec étonnement : il paraissait en proie à une agitation fébrile, et tout à coup, posant bruyammment une pile d'assiettes, il quitta précipitamment la salle.

— Quel singulier garçon, se dit Mme D...

Victor Hugo rentrait de sa course à travers la ville, et arrêté sous la porte cochère de l'auberge il dessinait une vue du clocher.

Le garçon s'élance vers lui, et d'une voix étranglée par l'émotion : « Monsieur, monsieur !.. bégaya-t-il.

— Qu'est-ce qu'il y a ?

— Monsieur !.. Est-ce vrai que vous êtes Victor Hugo ?

— C'est selon, répondit le poëte en se retournant.

— Ah ! monsieur, le maire *vient de venir* tout à l'heure, et il m'a dit : Malheureux ! Victor Hugo est ici ! et tu ne dis rien ! Oh ! monsieur... je sais par cœur vos vers sur l'aumône. » Et le pauvre garçon se mit à fondre en larmes.

Quelques mois auparavant, six cents ouvriers étaient sans ouvrage à Louviers. On s'était adressé à Victor Hugo, qui avait, pour eux, écrit ses beaux vers sur l'aumône.

On pense si le brave garçon soigna le service du dîner !

*
* *

Quand vint le moment de partir, Mme D...
curieuse de bibelots et de raretés, avait vu sur
la cheminée de l'auberge un très-beau verre
Louis XIII ; elle dit à Victor Hugo : « Voilà un
verre que je voudrais bien emporter. »

Il suffira que vous témoigniez le désir de l'avoir
pour qu'on vous le surfasse, dit le poëte ; enfin,
demandez toujours à l'acheter.

Mme D... va à l'hôtesse : Madame, voudriez-vous
me vendre ce verre ?

— Oui, madame.

— Combien en voulez-vous ?

— Vingt sous, madame.

Mme D... prend le verre et le paye.

Je ne sais quel gentilhomme du pays qui se
trouvait là, dit d'un ton aigre-doux : Vous ne le
payez pas cher, madame, moi j'en aurais bien
donné vingt francs.

— Qu'à cela ne tienne, monsieur, reprit
Mme D... piquée. Voici le verre.

— Non ! dit l'hôtesse, je suis très-heureuse
que madame me fasse l'honneur de désirer ce
verre. C'est un voyageur qui me l'a laissé pour
payer une note de vingt sous. C'est vingt sous.

Le gentilhomme indigène se mordit les lèvres et sortit.

— Ah ! non ! dit l'hôtesse, il ne l'aura pas, cette espèce de mauvais riche-là !

Et Mme D... emporta le verre.

*
* *

La petite troupe quitta Louviers en diligence, et s'installa sur l'impériale. Une place avait été retenue par un vieux monsieur, de sorte que sur la première banquette il y avait Victor Hugo, Mme D... et le voyageur inconnu. Derrière eux, Célestin Nanteuil et ses amis.

La voiture passait devant une vieille maison : « Oh ! dit Mme D... à Victor Hugo, voyez donc la jolie porte renaissance !

— « Madame, dit le voyageur inconnu, vous vous intéressez à l'architecture ! Comme c'est bien cela ! vous êtes artiste ?.. Moi, je suis membre de la société archéologique de Rouen. »

Et la conversation s'engage sur l'architecture et l'archéologie.

Dans la causerie, l'académicien de Rouen vint à parler d'un de ses amis, M. X... architecte :

— Je le connais beaucoup, dit Mme D...

— Quel charmant homme, fit le voyageur ! quel talent, quelle intelligence ! Je ne lui connais qu'un défaut.

— Ah ! et lequel ?

— Il est fou de Victor Hugo.

Mme D... jeta un malin coup d'œil vers le poëte impassible, et répondit : « Il est si fou que ça !.. Je ne m'en étais pas aperçue ! »

— Oui, madame, fou ! et c'est bien dommage ! un homme de sa valeur !

— En effet, s'il est fou comme vous le dites !

Le poëte et ses amis prêtaient une oreille attentive à cette curieuse conversation.

— Ce Victor Hugo, continua l'archéologue, est la perte de la littérature française. Où allons-nous, mon Dieu ? Tenez, madame, il vient de publier un livre : *Claude Gueux !* L'avez-vous lu ?

— Moi ? Oh ! monsieur ! fit Mme D... d'un ton indigné.

— Oui, je comprends. Pardonnez-moi, madame ; en effet, une femme comme il faut ne peut

pas... Eh bien ! il a écrit dans ce livre un mot...
oh ! non, jamais je n'oserai vous le répéter.

— Vraiment !—Et Mme D... cherchait quel pou-
vait bien être le mot de *Claude Gueux* qui révol-
tait la conscience du bonhomme.

— Oui, madame ! c'est un mot que je n'oserais
jamais vous répéter.

— Je vous en remercie, monsieur, et je ne
vous le demande pas !

Mais le brave archéologue brûlait de citer le
mot monstrueux.

— Enfin, madame, excusez-moi, tenez, je vais
vous le dire : il a osé écrire le mot *gamin !* Voilà
où en est la littérature française.

Mme D..., qui entendait derrière elle les chucho-
tements pleins d'hilarité de ses compagnons de
route, avait toutes les peines du monde à tenir
son sérieux.

L'archéologue poursuivit :

— J'ai un fils, madame, et je lui ai dit ceci :
« Si jamais tu t'avises, je ne dis pas de lire, mais
d'ouvrir seulement un livre de ce Victor Hugo,

4

je le déshérite... » Et je le ferais, madame, je le ferais !

— Et vous auriez raison, monsieur ! dit tragiquement Mme D..., tandis que Victor Hugo pouffait de rire avec Nanteuil.

Le père farouche continuait à ouvrir son cœur classique à Mme D...

— Connaissez-vous Victor Hugo, madame, lui dit-il ?

— Oh ! monsieur, pour qui me prenez-vous ?

— Mon Dieu, madame, vous auriez pu le voir, le rencontrer dans la rue.

— Moi ! monsieur, jamais !

— Il a tout à fait l'air de ce qu'il est ! Vous avez vu sans doute ses portraits ? Eh bien ! il est cent fois plus hideux qu'on le représente, et sa physionomie seule dit qu'il est capable de tout.

Tenez !—et il montrait Victor Hugo.—Monsieur a une figure comme tout le monde, mais Victor Hugo a une tête de bandit !

A ces mots, Victor Hugo et Nanteuil éclatèrent à se tenir les côtes, si bien que le conducteur se retournait, regardant avec stupéfaction ses voyageurs qu'il crut atteints de folie.

Quant à l'archéologue de Rouen, il continua ses discussions littéraires sans prendre garde aux fous rires de ses compagnons de route.

On arrivait. Victor Hugo voulait, pour le dénoûment de cette comédie, offrir sa carte à l'académicien de province. Mme D... l'en détourna.

— Gardez-vous-en bien, dit-elle, vous lui donneriez une attaque d'apoplexie.

*
* *

Cette histoire peut servir de scholiaste à ces mots que Victor Hugo écrivit dans *les Misérables*, en parlant de Gavroche.

« Le mot *gamin* fut imprimé, pour la première fois, et arriva de la langue populaire dans la langue littéraire, en 1834. C'est dans un opuscule intitulé *Claude Gueux* que ce mot fit son apparition. Le scandale fut vif. Le mot a passé. »

L'indignation de l'archéologue rouennais est sans doute l'une des révoltes auxquelles cette note fait allusion.

CHAPITRE V

Victor Hugo aux journées de Juin. — Le concierge du n° 6.
— Acquitté sans jugement. — Biscarrat. — Quatre insur-
gés. — Le comte de Fouchécourt. — Hugo et ses *domes-
tiques*. — Discours dans le 10ᵉ bureau. — Schœlcher
embrasse Victor Hugo.

Dans *Paris et Rome*, cette admirable introduc-
tion du livre « *Depuis l'Exil* », Victor Hugo ra-
conte, avec sa magique puissance de description,
un épisode des journées de Juin, la prise de la
place Royale par les insurgés, et le passage de
cette foule en haillons dans l'appartement du
poëte, alors absent, occupé à combattre l'insur-
rection.

Il y a des faits que le Maître a volontairement
oublié d'écrire; qu'il me permette d'être moins
discret que lui.

L'insurrection était vaincue ; en rentrant chez lui, Victor Hugo trouva la place Royale occupée par les bataillons de l'ordre.

Dans la cour même de sa maison, il voit un peloton de gardes nationaux coucher en joue son concierge Desmasières, à genoux contre un mur.

C'était Desmasières qui avait ouvert aux insurgés de la rue Saint-Antoine une porte de derrière du numéro 6 de la place Royale, qui communique avec l'impasse Guéménée.

A la vue de cet homme à genoux et de sa femme affolée, Hugo se jeta au-devant des vainqueurs, releva leurs fusils de la main, et, apostrophant les gardes nationaux, il leur fit honte de ces exécutions sommaires, de ces odieuses représailles qui déshonorent la victoire.

Desmasières fut sauvé.

*
* *

Il n'est pas le seul que Victor Hugo arracha des mains des vainqueurs.

Bien des insurgés lui doivent la vie. Après avoir

énergiquement lutté contre l'insurrection, dès qu'elle fut vaincue, il mit en pratique ses principes de clémence et d'apaisement.

Au cinquième étage d'une maison du boulevard Beaumarchais, un homme s'était embossé sur son balcon, et de là, ayant trois fusils que lui chargeait sa femme, il avait longtemps tiré sur les gardes nationaux et les soldats.

La maison prise, il avait été arrêté.

Victor Hugo était avec David d'Angers à la mairie de la rue de Vendôme, aujourd'hui rue Béranger, on vient lui dire :

— Citoyen représentant, on va fusiller un homme.

— Où ça ?

— 93, boulevard Beaumarchais.

Victor Hugo accourt et, dans le rez-de-chaussée d'une maison en construction, il voit, adossés à la muraille et les yeux bandés, non pas un homme, mais trois hommes, couchés en joue par les gardes nationaux. « Rien n'est féroce comme un épicier qui ne vend pas », a dit Victor Hugo.

Il leur crie : « Que faites-vous là ? » et il relève les canons de leurs fusils.

— Citoyen représentant, ces hommes ont tiré sur nous.

— Et vous voulez les tuer, comme ça, sans jugement ?

— Oui, nous les avons vus.

— Vous ne fusillerez pas ces hommes.

Puis, s'adressant à l'un des insurgés :

— Qui êtes-vous ? Que faites-vous ?

— Je m'appelle D... de B...; je suis homme de lettres, répondit celui que Victor Hugo arrachait si miraculeusement à la mort.

— Eh bien, monsieur, rentrez chez vous.

— Mais, citoyen représentant, murmurèrent quelques gardes nationaux, il a tué beaucoup de braves gens !

— Si vous l'aviez simplement arrêté, je le renverrais devant les juges; mais puisque vous avez voulu le tuer sans jugement, moi, je l'acquitte sans jugement.

D... de B... est devenu secrétaire général d'une grande compagnie industrielle, et ne manque jamais chaque année, au mois de juin, de faire une visite anniversaire à Victor Hugo.

Le second était un architecte nommé Roland ; sauvé par le poëte, il put se réfugier en Belgique, et c'est lui qui reconstruisit le palais de justice de Bruxelles.

Quand Victor Hugo demanda son nom au troisième : « Georges Biscarrat », répondit-il.

— J'ai connu jadis un Biscarrat, reprit le poëte ; seriez-vous parent de Félix Biscarrat ?

— C'était mon oncle, monsieur.

Hugo sauvait ainsi la vie au neveu de ce Biscarrat dont il est parlé dans *Victor Hugo raconté*, et qui était le maître d'étude du jeune poëte à la pension Cordier.

Georges Biscarrat revint souvent voir Victor Hugo, et le poëte, le grondant d'avoir pris part à l'insurrection, lui dit : « Retenez bien ceci, jeune homme. Jamais d'insurrection que pour le droit et pour le devoir. »

— Je m'en souviendrai, dit-il.

Au 4 décembre 1851, Hugo vit accourir chez lui Biscarrat.

— Est-ce le cas ? demanda le jeune homme au poëte.

— Oui, répondit Victor Hugo.

Et Biscarrat alla construire la barricade de la rue Saint-Martin. Il la terminait à onze heures et à midi il était tué sur « la barricade de ses rêves », comme il l'appelait !

Mais revenons en juin.

Rue Saint-Anastase, les insurgés avaient occupé les mansardes et les greniers des maisons. De là, ils soutenaient, de leur feu, les barricades élevées dans la rue.

Au numéro 14 demeurait Mme D...

Quand les barricades furent emportées, et que la rue fut prise par les gardes nationaux, quatre insurgés s'étaient réfugiés dans cette maison. Mais fous de désespoir et de rage, ils voulaient sortir et se faire tuer. Mme D... défendit au concierge d'ouvrir la porte cochère, et dit avec autorité aux insurgés : « Vous ne sortirez pas ; je ne veux pas qu'on vous tue ! »

Dans la rue passaient les soldats, frappant à

coups de crosse dans les portes, et fouillant les maisons.

— Montez, montez vite, dit Mme D... ; et elle poussa devant elle les insurgés qui, prisonniers de cette généreuse femme, montèrent jusqu'aux greniers.

Là, on cacha leurs fusils sous les tuiles ; puis, aidée d'une polisseuse qui occupait l'une des mansardes, Mme D..., à grand renfort de brosses et de savon, lava les mains noires de poudre des combattants.

Le concierge leur prêta quelques vêtements de travail, et ils demeurèrent dans les mansardes, comme s'ils eussent été des ouvriers.

Mais leur exaspération était telle que, malgré le danger, ils se penchaient aux fenêtres, et envoyaient en pleurant des baisers aux insurgés qu'ils voyaient combattre au loin.

Sur ces entrefaites Victor Hugo accourait rue Saint-Anastase prendre des nouvelles de Mme D...

— « Il y a là haut quatre insurgés », dit-elle.

Victor Hugo monta, il s'adressa à ces égarés, et, avec la magie de sa parole, les apaisa.

Il leur représenta que leur révolte était une

folie ! que c'était contre la République qu'ils lut-
taient, et qu'ils obéissaient aux pires ennemis
du peuple... « Je vous ai combattus, dit-il, mais
nous voulons tous la même chose... Et je suis
votre ami... »

L'un de ces insurgés, les larmes aux yeux,
disait à Victor Hugo : « Il y a une demi-heure, si
je vous avais tenu au bout de mon fusil... je vous
aurais tué avec plaisir !.. »

Et ces hommes, tout à l'heure exaspérés, ser-
raient avec effusion les mains du grand poëte.

— « Attendez la nuit, leur dit-il, je vous sau-
verai. » Puis il descendit.

Sous la porte cochère, une jeune dame accou-
rait.

C'était la fille du comte de Fouchécourt, qui
demeurait en face du n° 14. Elle avait vu passer
Victor Hugo.

— « On veut fusiller mon père, » lui cria-
t-elle !

— « Non, madame, on ne le fusillera pas ! »
Et Victor Hugo alla encore empêcher l'exécu-
tion sommaire du comte de Fouchécourt.

Oh! les horreurs de la guerre civile! quelle folle ivresse de sang monte au cerveau des vainqueurs, et combien de victimes périssent injustement quand il ne se trouve pas sur le lieu du supplice un homme de caractère et d'autorité qui empêche le massacre!

Le comte de Fouchécourt était un légitimiste qui s'était activement mêlé à l'insurrection. — Déféré aux conseils de guerre, ainsi que son fils, il fut condamné à quinze ans de travaux forcés.

Victor Hugo disait plus tard : « Si j'avais pu penser qu'il fût condamné à une peine aussi longue et aussi grave, j'aurais fait tous mes efforts pour l'arracher à la justice comme je l'arrachais à la mort. »

Le soir venu, Victor Hugo vint chercher les insurgés :

« Je vais vous reconduire chez vous, leur dit-il, vous êtes mes frères; vous passerez un instant pour mes domestiques. Donnez-moi le bras, dit-il à l'un d'eux, et partons.

L'homme à qui il s'adressait, demeurait rue de

Charonne, et ne voulait pas rentrer chez lui. Il avait été jeté dans la bataille de la rue par le désespoir et la misère.

« Il n'y a pas un morceau de pain à la maison, disait-il ! je n'ai rien ! et ma femme doit être accouchée, depuis trois jours que je suis parti ! »

Le poëte lui mit quelque argent dans la main :

— A présent, donnez-moi le bras, lui dit-il, et partons.

Ils arrivent à un premier poste.

— « Qui vive ? »

— Représentant du peuple en mission !

— Et cet homme qui est avec vous ?

— C'est mon domestique.

— Passez !

Et Victor Hugo, traversant ainsi vingt postes avec son *domestique*, arriva au domicile de l'ouvrier.

Là il trouva, en effet, une pauvre femme accouchée le matin... Il lui rendit son mari, qu'elle croyait mort, et lui dit : Le voilà vivant, madame, mais empêchez-le de recommencer !..

Victor Hugo revint rue Saint-Anastase.

La seconde fois encore, escorté de son *domes-*

tique, il franchit à peu près sans difficultés les postes nombreux qui le séparaient des faubourgs; mais quand il se présenta une troisième fois, puis une quatrième, avec un nouveau *domestique*, on ne voulait plus le laisser passer :

— Ce n'est pas le même homme, disaient les factionnaires.

— Cela ne vous regarde pas, répondit Victor Hugo !

Et comme la sentinelle croisait la baïonnette.

— « Faites venir votre capitaine ! »

Le capitaine parut, éclairé par une petite lanterne rouge que portait un soldat.

Il examina Victor Hugo et ses insignes de représentant. « Sachez, lui dit le poëte, que je suis un des soixante députés que l'Assemblée a mis à votre tête, et que je commande à vos généraux. Vous êtes responsable de votre rébellion, prenez garde ! » Il fallut que Victor Hugo menaçât presque pour obtenir d'être obéi.

Le capitaine lui permit enfin de passer.

Les quatre insurgés étaient sauvés.

Le poëte ne borna pas son œuvre à arracher individuellement à la mort ceux qui avaient le bonheur de se trouver sur sa route, il voulut étendre les mesures de clémence à tous les combattants.

Qui avait le droit de parler d'oubli et de pardon, plus que ceux qui avaient risqué leur vie pour combattre l'insurrection, et qui l'avaient vaincue ?

Quelques jours plus tard, Victor Hugo provoquait donc une réunion de représentants dans le 10ᵉ bureau de l'Assemblée, dont il faisait partie.

Cent représentants, à peu près, se rendirent à son appel. Parmi eux étaient Montalembert, Mᵍʳ Parisis, évêque de Langres, Victor Schœlcher, etc., etc.

Victor Hugo parla de la répression impitoyable et de la fureur des représailles ; il dit que le seul moyen de ramener la paix dans les cœurs, était le pardon ; le pardon entier, absolu.

Et pour mettre fin aux haines de la guerre civile, pour unir vainqueurs et vaincus dans un immense embrassement, il proposa ceci :

On convoquerait le peuple au Champ-de-Mars.

Là seraient conduits tous les insurgés retenus
dans les souterrains des Tuileries, les cachots de
la Conciergerie, les casemates des forts; puis,
l'Assemblée nationale prendrait place sur une
estrade, et, devant tout le peuple réuni, le pré-
sident de l'Assemblée dirait aux insurgés :

— « Nous vous avons combattus parce que
« vous mettiez en danger la République.

« Maintenant vous n'êtes plus des ennemis,
« vous êtes des frères; vous n'êtes pas des vain-
« cus, vous êtes des citoyens! Que le plus âgé
« d'entre vous vienne embrasser le président de
« l'Assemblée nationale.

« Et maintenant, vous êtes libres! »

Quelle émotion eût produite cette cérémonie!
Quel enthousiasme indescriptible elle eût sou-
levé!

Victor Schœlcher, entendant cette noble et généreuse proposition, se leva, et embrassa Victor Hugo avec effusion.

Quant aux autres représentants, ils gardèrent le silence...

C'était trop grand pour eux !

CHAPITRE VI

Hugo et Bonaparte. — Le poëte sur son échelle. — Visite du prince Louis. — Ses calomnies. — Hugo ministre ! ! ! — « Dites-leur qu'ils m'ont fait le 2 Décembre. » — La proposition des questeurs. — La loi violée.

Sous Louis-Philippe, Victor Hugo avait prononcé à la Chambre des pairs un généreux discours pour demander que les portes de la France fussent rouvertes à la famille Bonaparte.

Après 1848, quand il fut question de l'élection d'un président, le poëte, et beaucoup d'autres représentants, se souvenant des livres du prince Louis, et croyant à son honnêteté, le préféraient à Cavaignac :

Les sabres n'ont-ils pas, en effet, toujours été redoutables et suspects ?

Le prince, sachant que Victor Hugo ne lui était pas hostile, vint lui rendre visite, mais sans le trouver.

Quelques jours après, Jérôme Napoléon rencontrant Victor Hugo, lui dit : « Mon cousin Louis s'est présenté chez vous, est-ce que vous n'irez pas le voir ?..

— Non, répondit le poëte, vous savez que je ne vais chez personne.

Là-dessus passent les événements politiques. Puis, Victor Hugo déménage et se loge au n° 37, rue de la Tour-d'Auvergne.

« Je m'occupe moi-même de l'aménagement de ma maison, dit le Maître ; je ne redoute pas de planter un clou, d'accrocher un tableau, et je dirige les ouvriers.

Pendant que je travaillais à mon installation nouvelle, je faisais défendre ma porte. Un jour, un de mes collègues de l'Académie, Alexandre de Saint-Priest, vient chez moi et me fait prier instamment de le recevoir. Il entre, j'étais perché sur une échelle.

— Ah ! que vous êtes heureux, me dit-il, je ne puis plus monter aux échelles, moi !

En effet, il était énorme; nous causons, lui debout, moi sur mon échelle.

Voici que la porte s'ouvre de nouveau, et Louis Bonaparte paraît. — J'ai forcé la consigne, dit-il.

Après s'être nommé au domestique, il l'avait suivi, et entrait à l'improviste.

Je descends de mon échelle; mon collègue Saint-Priest voulait se retirer. — Mais non, lui dis-je, je n'ai pas de secrets, restez!

Et, faute de siéges, nous nous assîmes tous trois sur des caisses.

Bonaparte prit la parole : « Monsieur Victor Hugo, me dit-il, je sais que vous avez la bonté de m'être favorable, je suis calomnié; je viens m'expliquer avec vous... »

Et le candidat à la présidence eut avec Victor Hugo la conversation rapportée dans l'*Histoire d'un Crime*. Il fit au poëte ces protestations de loyauté et d'honneur auxquelles la suite devait donner de si sanglants démentis.

Et quelques jours après, M. de Saint-Priest, rencontrant Victor Hugo, lui dit : J'ai noté l'entretien auquel j'ai assisté l'autre jour chez vous, car il était fort intéressant.

Peut-être les héritiers de M. de Saint-Priest pourraient-ils retrouver cette note dans les papiers de l'académicien.

*
* *

Bonaparte ayant violé les serments qu'il avait vingt fois prêtés en public, et qu'il répétait en particulier à Victor Hugo, à M. de Girardin, à d'autres encore, a tout naturellement cherché à rejeter, sur ceux qui l'ont flétri, un peu de la honte dont il s'est couvert. Et il a fait répandre, entre autres calomnies, le bruit qu'il avait refusé un portefeuille à Victor Hugo.

Le poëte fait allusion à cette accusation burlesque dans ces vers de *l'Art d'être grand-père* :

« ... *Et j'eusse été moins sombre et moins sinistre
Si l'empereur m'avait voulu faire ministre.* »

Oui, cela est bouffon et textuel. Les mouchards de l'empire n'ont rien trouvé de mieux pour écraser *les Châtiments* et pulvériser *Napoléon le Petit !* Bonaparte a refusé un portefeuille à Victor Hugo. *Inde iræ !* En effet, pensez donc ! Hugo, ministre de Bonaparte ! Comme il eût été plus grand ! quel rayon sur son front que ce ministère ! Quel piédestal pour sa statue que ce portefeuille ! Et comme je comprends les satires de Juvénal et les annales de Tacite parce qu'un César leur a refusé une questure !

Insistons-y. L'un des mérites de Victor Hugo comme citoyen est, au contraire, le désintéressement. On sait, et il redit souvent lui-même, qu'il a commencé par être royaliste, aristocrate, vendéen même. Il n'a pas à en rougir; et ceux qui lui jettent à la tête son passé et sa jeunesse, nous font sourire. Est-on responsable du milieu qui vous a saisi à votre naissance, et des idées qui ont présidé à votre éducation ? Tant mieux si vous êtes né dans la vérité ! Mais Victor Hugo a dû, par les seuls efforts de sa volonté, briser les attaches qui le liaient, déchirer tous les voiles qu'on avait jetés sur ses yeux dès le berceau. Il est venu seul, et par sa propre force à la lumière. Honorons-le !

Il y est venu contre son intérêt.

S'il eût été ébloui des places et des grandeurs, il pouvait demeurer fidèle au parti monarchique ; car seule la monarchie donne des honneurs durables et des places héréditaires, tandis qu'une République accorde à l'élection des dignités toujours révocables.

Victor Hugo eût pu rêver tous les titres et tous les honneurs. Les hommes d'un talent même médiocre ne sont pas si nombreux dans le camp monarchique qu'on ne se fût empressé d'y conserver à tout prix, et d'y attacher par des chaînes d'or un homme de génie.

Sans se soucier de la passementerie monarchique, Victor Hugo est venu à la démocratie, parce que c'est la vérité et la justice... Il a lutté pour la liberté parce que c'était son devoir. Pour récompense, il a eu vingt ans d'exil...

Il ne s'en plaint pas.

*
* *

On raconte que l'impératrice Eugénie, lisant un jour *les Châtiments*, rejeta ce livre avec colère, en disant : Mais que lui avons-nous donc fait, à M. Hugo ?..

Le mot fut rapporté à Guernsey. — « Dites-leur, répondit le grand poëte ! dites-leur qu'ils m'ont fait le Deux-Décembre ! »

Voilà la raison et la cause, ô Bonapartes ! les serments violés, les défenseurs du droit proscrits, une population sans armes massacrée, la patrie avilie et courbée : c'en est assez, je crois, pour soulever la conscience, mettre en révolte la justice, et armer de la verge de fer le bras d'un patriote !

*
* *

Un soir que Victor Hugo parlait de l'*Histoire d'un Crime*, non publiée encore en ce moment, nous lui demandâmes un éclaircissement sur la fameuse proposition des questeurs, et il voulut bien nous expliquer quel avait été son sentiment et son mobile à cette époque.

L'assemblée de 1849 avait, on s'en souvient, une forte majorité réactionnaire. Mais la coalition monarchique redoutait un coup d'État du prince président. Les questeurs, par leur proposition, présentée le 7 novembre 1851 et portée à la tribune le 18, demandaient que l'armée fût enlevée au président pour être mise aux ordres de l'Assemblée.

« J'avais prononcé mon discours de juillet contre le prince, et dès longtemps il m'était devenu suspect. Cependant, nous dit Victor Hugo, j'ai voté et fait voter mes amis contre cette proposition, et voici ce que j'ai dit dans le 11° bureau dont je faisais partie.

« Nous nous trouvons dans cette alternative. Si le président au mépris des lois et de ses serments fait un coup d'État, nous restons, nous, la légalité et le droit, nous pouvons combattre le traître, et descendre dans la rue.

Si au contraire nous donnons l'armée à l'Assemblée souveraine, et si la droite fait la monarchie, ce coup d'État est légal.

Et si, nous, républicains, nous voulons défendre la République les armes à la main, nous sommes des rebelles, on peut nous empoigner légalement, nous traîner devant des juges, et nous frapper légalement de peines inscrites dans la loi.

Choisissez! — Dans les deux cas, nous sommes vaincus; mais, dans le premier, nous sommes les défenseurs de la Constitution, on ne peut nous frapper qu'en violant la loi. Dans le second, nous sommes des insurgés. »

La proposition des questeurs fut repoussée par 408 voix contre 355. La Montagne, malgré ses défiances à l'égard du président, vota avec ses partisans, et Bonaparte garda la force armée.

*
* *

C'est avec le même respect chevaleresque de la loi que Victor Hugo fit au prince Napoléon la réponse que je vais rapporter.

Comme le poëte était l'un des seize membres du comité de l'extrême gauche, qu'on appelait les Burgraves rouges, le 17 novembre, pendant la nuit, le prince Jérôme Napoléon était venu conférer avec lui, et, quittant Victor Hugo vers trois heures du matin, il lui disait qu'il n'y avait qu'un parti à prendre pour sauver la République, celui de faire arrêter le prince Louis Bonaparte.

Hugo répondit : « Non ! J'aime mieux que la loi soit violée contre moi que violée par moi ! »

Elle fut en effet violée, et contre lui. Et après le 2 décembre, les républicains purent emporter derrière les barricades d'abord, ensuite dans l'exil, le Droit et la Justice, ce qui est bien quelque chose.

CHAPITRE VII

Le coup d'État. — La résistance. — La tête de Victor Hugo
mise à prix. — Cinq heures de fiacre. — Chez le marquis.
— Cinq jours de prison. — La fuite. — Un soupeur mal-
gré lui [1].

Jusqu'au 18 novembre 1851, Paris s'était at-
tendu au coup d'État. Cette date passée, on ne
voulut plus y croire, et les hommes de l'Élysée
s'efforçaient hypocritement de détourner tous les
soupçons.

On pourra lire dans l'*Histoire d'un Crime*
les paroles que le prince-président avait dites à
Michel de Bourges, le 28 novembre :

« Je voudrais le mal, que je ne le pourrais

[1] Ce chapitre était écrit avant la publication de l'*Histoire d'un Crime*.
Aussi y retrouvera-t-on quelques détails que Victor Hugo nous avait
racontés, et que tout le monde a lus maintenant dans le livre du Maître.
Nous ne croyons pas cependant devoir les retrancher ici.

pas ; hier, jeudi, j'ai invité à ma table cinq des colonels de la garnison de Paris ; je me suis passé la fantaisie de les interroger chacun à part ; tous les cinq m'ont déclaré que jamais l'armée ne se prêterait à un coup de force, et n'attenterait à l'inviolabilité de l'Assemblée. Vous pouvez dire ceci à vos amis. »

Le dîner dont parlait le prince Louis avait sans doute été le marché où les colonels avaient vendu leurs régiments. Mais une naïve confiance avait remplacé les appréhensions des premiers jours. On disait du prince : « C'est un idiot, un visionnaire. Il est plus bête que méchant. » Et l'on souriait.

Et Victor Hugo, un soir de juin 1877, nous disait : La première phrase de mon livre est celle-ci :

« Le 1ᵉʳ décembre 1851, Charras haussa les épaules et déchargea ses pistolets. »

Il est impossible de peindre d'une manière plus frappante la naïve confiance du pays qui s'endormait au bord même du précipice.

*
* *

Les républicains comptaient, du reste, sur le commandant de l'armée de Lyon, le général Neumayer.

Si Bonaparte bouge, disait-on, Neumayer marche sur Paris.

Cinq jours après le coup d'Etat, le général Neumayer marchait, en effet, sur Paris ; mais il n'était pas à la tête de ses troupes, et venait prêter serment à Bonaparte.

*
* *

Ah ! je le sais bien, tout ne fut pas honte et lâcheté à cette heure maudite ; s'il y eut des Dupin et des Saint-Arnaud, il y eut aussi de fiers courages, de nobles indignations, et nous ne louerons jamais assez les grandes âmes héroïques de ceux qui, dans ce moment, se dévouèrent pour sauver l'honneur, et luttèrent jusqu'à la fin contre celui qui violait la patrie.

Les républicains firent tout ce qui était humainement possible pour organiser la lutte. Mais l'Assemblée était discréditée et impopulaire.

Paris, décimé aux journées de juin et effrayé par la fusillade du boulevard Montmartre, ne fit que des efforts isolés et stériles.

Voilà le résultat des politiques troubles. Le peuple, étonné et indifférent, ne comprend pas et laisse faire. Il ne sait plus où est son devoir, ni même son intérêt; et le vent farouche des appels aux armes ne souffle que sur un brasier éteint.

La mort de Baudin est sans effet. Les efforts surhumains de Victor Hugo, de Schœlcher, de de Flotte, de Madier de Montjau, et tant d'autres, sont stériles et vains ! Les appels de ces combattants n'éveillent pas d'écho, ne soulèvent pas une armée !

Tous ces vaillants ont été vaincus, et ils ont dû partir laissant la patrie en proie aux bandits triomphants !

*
* *

Victor Hugo, président du comité de résistance, était l'âme de la lutte.

On conçoit que les hommes de l'Elysée eussent un vif désir de s'emparer de lui. Dès le 3 décembre, sa tête était mise à prix, et j'ai eu entre les mains une lettre d'Alexandre Dumas père à Bocage. Elle était ainsi conçue :

3 décembre 1851.

Mon cher Bocage,

Ce soir, il a été promis vingt-cinq mille francs à quiconque arrêterait ou tuerait Victor Hugo. Si vous savez où il est, empêchez que, sous aucun prétexte, il ne sorte.

A. Dumas.

*
* *

Quand l'essai de résistance eut avorté et que tout espoir de victoire fut enlevé, il fallut bien songer à la fuite. Mais toutes les précautions étaient prises par le gouvernement, et les hommes de l'Elysée et de la rue de Jérusalem avaient hérissé les frontières de mouchards.

Quitter Paris, sortir de France, fut donc le problème qui se posa à Victor Hugo quand le coup d'Etat triomphant fut maître de Paris.

Pendant le combat, on fait le sacrifice de sa vie ; mais, la lutte finie, il fallait s'échapper et porter à l'étranger la Némésis vengeresse.

* *

La noble et vaillante femme qui, le 2 et le 3 décembre, avait accompagné le poëte ; qui, sur la place de la Bastille, au moment où Victor Hugo lançait aux généraux ses apostrophes indignées, se pencha à son oreille, en lui disant : « Vous allez vous faire fusiller » ; et, dans les jours de combat, où le comité de résistance dut jouer à cache-cache avec les assassins de M. de Maupas, avait été une sentinelle vigilante, épiant les mouchards et déjouant leurs recherches ; après avoir eu le bonheur d'avertir deux fois la réunion de l'arrivée des troupes, se chargea encore de trouver un asile à Victor Hugo.

Elle avait fait obtenir un prix de vertu de cinq mille francs à une pauvre femme qui s'était chargée de deux orphelins, et n'avait que son travail pour vivre, et pour nourrir ses enfants adoptifs.

Le souvenir de cette femme lui vint. Mme D...
était dans un fiacre avec Victor Hugo, elle jeta
au cocher l'adresse de sa protégée.

On arrive. Elle monte six étages et frappe à la
porte. L'ouvrière paraît.

— Vous savez ce qui se passe, madame ; je
m'adresse à vous : pouvez-vous cacher ici Victor
Hugo?

— Non !

Mme D... n'en entendit pas davantage. L'ou-
vrière balbutiait encore des explications, que
Mme D... se précipitait dans l'escalier obscur, au
risque de se briser, sautait les marches quatre à
quatre, et, frémissante, indignée, remontait dans
le fiacre qui se remit à rouler au hasard dans
Paris.

Il revint des faubourgs vers le centre et passa
sur la place du Palais-Royal, où Victor Hugo put
voir des canons braqués sur toutes les rues.

Il y avait plusieurs heures que la voiture allait
ainsi, il fallait cependant prendre quelque nour-
riture et du repos. Mme D..., à bout de ressources
et de forces, pensa alors au marquis de M...,

directeur d'un grand journal légitimiste, ancien ami et parent de Victor Hugo. Elle se dit qu'il n'y avait pas à hésiter, qu'il fallait tout tenter ; le fiacre roula et vint s'arrêter à la porte du marquis.

Victor Hugo demeura dans le fiacre et Mme D... se fit annoncer chez la marquise.

Sans rien laisser paraître de sa fatigue, de ses angoisses, elle entre, le sourire aux lèvres, et cause de choses banales....

Le nom de Victor Hugo, prononcé incidemment, laisse la marquise indifférente.

Dévorée d'inquiétude, et la mort dans le cœur, Mme D... allait prendre congé, quand le marquis entra.

— Ah ! madame, rassurez-moi ! Il court tant de bruits contradictoires ! On m'a dit que Victor Hugo s'était embarqué à Calais, est-ce vrai ?

— En effet, marquis, il est sauvé !

— Ah ! quel bonheur... On m'avait dit d'un autre côté qu'il était assassiné.

Pendant que la marquise donnait un ordre, Mme D... fait un signe au marquis, il s'approche, et rapidement, à voix basse, elle lui dit :

— Eh bien ! non ! il n'est pas parti, il est à Paris !

— Ah ! le malheureux ! Est-il au moins en sûreté ? Où est-il ?

— En bas, dans un fiacre.

— S. n. d. D., cria le marquis, et vous ne le disiez pas !

Ce juron énergique fut pour Mme D... plus agréable à entendre que la plus douce des promesses. Le cœur battant de joie, elle courut à la voiture. Le soir était venu et le gaz n'était pas encore allumé ; Victor Hugo put quitter le fiacre et monter chez le marquis sans être remarqué, même du concierge.

La chambre du marquis et celle de la marquise étaient séparées par la salle à manger. On donna à Victor Hugo la chambre de la marquise dont on masqua la porte en poussant un buffet. On acheta le silence de la cuisinière, et Victor Hugo fut prisonnier.

Il demeura ainsi cinq jours entiers. Il entendait de sa chambre, pendant le dîner, la conversation des amis du marquis. On parlait de lui : — Victor

Hugo est tué ! — Non, il est sauvé ! — Il est en Angleterre ! — Il est à Paris ! — Alors, qu'il se cache bien, car si Bonaparte peut le faire arrêter, il est perdu.

Pendant ce temps, le marquis s'était procuré un passe-port, et le 12 décembre, au soir, il accompagnait à la gare du Nord Victor Hugo déguisé de son mieux.

Le marquis venait de quitter son prisonnier, et le train allait partir, quand, dans la salle des Pas-Perdus, il rencontre un homme de son journal, soupçonné depuis quelque temps d'être un espion de Bonaparte.

— Tiens ! vous voici, monsieur le marquis, lui dit son rédacteur en l'abordant ; que faites-vous à cette heure à la gare ?

« Il nous a surpris, nous sommes perdus, se dit le marquis ». Puis, souriant : « Je viens de reconduire un jeune cousin de province qui a passé deux jours à Paris, et j'ai une migraine atroce ; mon cousin n'a pas dîné à la maison, et pour le reconduire, moi-même je n'ai pas pris le temps de manger ; je meurs de faim, et je rentre bien vite ».

Alors il pensa : « Mais si je le quitte, il va de ce pas avertir la police ». Et se ravisant : « Eh bien ! non, je ne rentre pas chez moi, l'heure du dîner est passée, venez donc me tenir compagnie ! » Et le marquis entraîna son rédacteur au restaurant voisin.

Il fit servir un souper délicat, combla son commensal de vins fins et de liqueurs, disant à part soi : « Toi, mon bonhomme, je ne te lâche pas. » Les bouteilles succédaient aux bouteilles, et bientôt le rédacteur fut parfaitement gris.

Enfin, trois heures du matin sonnèrent. « Le train est maintenant arrivé en Belgique », se dit le marquis, et il se leva pour sortir. Il solda l'addition qui se montait à plus de quatre-vingts francs, emballa son rédacteur dans un fiacre et rentra chez lui.

Le lendemain soir, le marquis recevait une lettre de Victor Hugo. Mme D... était là, anxieuse.
— Il est sauvé, s'écria-t-il. Il est à Bruxelles.

Enfin ! — Et il était tout pâle d'émotion. « Quel poids de moins j'ai sur le cœur, dit-il à M^{mo} D... Si on était venu arrêter Victor Hugo chez moi, je n'avais qu'un parti à prendre : celui-ci — (et il montrait un pistolet) ; le premier coup était pour le commissaire, le second pour moi ; car jamais on n'eût voulu croire dans le monde que je n'avais pas vendu mon prisonnier. »

CHAPITRE VIII

Victor Hugo à Bruxelles. — L'*Histoire d'un crime*. — Aventures d'une bouteille historique. — La vente du mobilier. — Les amateurs de reliques. — La boussole de la Pinta.

Victor Hugo arrivait à Bruxelles le 13 décembre et jetait au point du jour, dans la gueule du lion de bronze, couché devant l'hôtel de ville, une lettre qui avertissait sa famille qu'il était en sûreté.

Dès le lendemain, tout plein encore des événements qu'il venait de traverser, il écrivit, du 14 décembre au 18 mai, l'*Histoire d'un Crime*, déposition d'un témoin. Il retraçait, dans leur réalité palpitante, toutes les phases de l'attentat du prince, la résistance des républicains, et leur défaite. Transformé en juge d'instruction, il recueillait toutes les dépositions des proscrits, et rassemblait le formidable dossier d'où est sorti le livre qui vient d'être publié.

Le 12 juin 1852, il commençait le pamphlet vengeur : *Napoléon le Petit.* .

Il avait acheté une bouteille d'encre, qui se trouva épuisée au moment où le livre s'achevait. Le 14 juillet, jour anniversaire de la prise de la Bastille, le poëte mettait le mot « fin » au bas de la dernière page de son livre, et, avec les quelques gouttes d'encre qui restaient au fond de la bouteille, il écrivit sur l'étiquette :

> De cette bouteille sortit
> Napoléon le Petit.

Et il signa.

Mme D... avait eu le dévouement de partager l'exil du poëte. Et, comme elle avait copié le manuscrit de *Napoléon le Petit*, Victor Hugo lui offrit cette bouteille en souvenir.

Quelques jours après, Mme D... tombait malade. Elle reçut les soins d'un jeune proscrit, le docteur Yvan, fils du médecin de Napoléon Ier, et heureusement elle fut bientôt en voie de guérison.

Un jour le docteur Yvan vit, sur une étagère, dans la chambre de Mme D..., la bouteille d'où sortit *Napoléon le Petit*.

— Oh! quelle curieuse relique! s'écria-t-il. Et, tourmenté du désir de posséder cette bouteille historique, il s'enhardit, et la demanda à sa malade.

Mme D..., fort embarrassée, répondit que c'était un souvenir, dont elle ne se croyait pas le droit de disposer.

Yvan n'osa pas insister.

Le lendemain, Victor Hugo venait prendre des nouvelles de Mme D...; elle dit au poëte :

— Le docteur Yvan m'a témoigné un vif désir d'avoir cette bouteille.

— Donnez-la lui, dit le poëte, il le mérite bien, il vous a soignée avec tant d'empressement.

— Vous m'y autorisez?

— Mais, sans doute, si cela peut lui faire plaisir.

Lorsque le docteur Yvan vint faire sa visite quotidienne à sa convalescente, il jetait à la dérobée un regard de convoitise et de regret à la bouteille, quand Mme D... lui dit : « Docteur, je suis autorisée à vous offrir cette bouteille, je vous prie de l'accepter. »

— Ah, madame! quelle joie vous me faites! Et, triomphant, Yvan emporta la bouteille.

*
* *

Quelque temps après, le jeune docteur recevait de France une triste nouvelle : son père était très-gravement malade. Le prince Napoléon s'entremit et obtint de son cousin la grâce du jeune proscrit, qui put rentrer à Paris auprès de son père mourant.

Plus tard, Yvan avait un soir à dîner le prince Napoléon ; il se lève au dessert, va mystérieusement ouvrir un bahut et en tire la fameuse bouteille qu'il montre triomphalement au cousin de l'empereur.

Le prince n'eut pas plus tôt lu :

> « De cette bouteille sortit
> « Napoléon le Petit.
> « V. H. »

— Oh! je la veux, Yvan, je la veux, elle est à moi, s'écria-t-il, et, malgré la grimace d'Yvan, il mit la bouteille dans sa poche et l'emporta.

C'est ainsi que la bouteille historique, où Hugo avait trempé sa plume terrible pour stigmatiser l'homme de l'Elysée, passa dans les mains de Jérôme Napoléon, et y est sans doute encore à l'heure actuelle.

*
* *

Le prince, notons-le en passant, était un admirateur fanatique de Victor Hugo et de son livre ! « Oh! comme c'est vrai! comme c'est bien ça ! » disait-il, en lisant le portrait de son cher cousin, tracé par le grand poëte. Comme c'est ressemblant !

En 1851, même, il offrit à Victor Hugo un asile dans sa maison.

Mais quand son cousin eut triomphé, il avait à choisir entre l'exil pauvre, mais digne, et l'acceptation du crime. Il ne choisit pas l'exil. Et, malgré l'opinion qu'il avait du fils d'Hortense, il devint prince du sang, logea au Palais-Royal, et reçut la dotation que lui fit sur notre cassette, ce « *ruffian impérial, ce prince vide-gousset, cet écuyer de Franconi* », qui se fit appeler Napoléon III.

*
* *

Quel arrachement que l'exil !

Adieu à la patrie, qu'on laisse esclave, aux amis désespérés, aux douces habitudes prises ! adieu à la maison où chaque objet est un souvenir.

Victor Hugo, réfugié en Belgique, dut faire vendre son mobilier de Paris.

Dans un feuilleton de *la Presse*, Théophile Gautier annonça la vente des meubles de Victor Hugo, et fit une courte description de cette maison que le poëte avait habitée, 37, rue de la Tour-d'Auvergne. Puis, il disait :

« Espérons que les nombreux admirateurs du poëte s'empresseront à cette triste vente qu'ils auraient dû empêcher en achetant, par souscription, le mobilier et la maison qui le renferme, pour les rendre plus tard à leur maître, ou à la France s'il ne doit pas revenir. En tout cas, qu'ils songent que ce ne sont pas des meubles qu'ils achètent, mais des reliques. »

Si les amateurs de reliques furent nombreux, les voleurs le furent aussi. La police, occupée sans doute à traquer les républicains, avait bien autre chose à faire qu'à surveiller la vente. Et ce fut un véritable pillage.

On entrait dans la maison, on examinait des objets, on les emportait sans payer.

Victor Hugo possédait une boussole de Christophe Colomb, portant cette date 1489, et cette inscription, *la Pinta*. Il en est parlé dans : *Paris et Rome*, et l'un des insurgés de Juin, entrés chez le poëte, s'était écrié, en la voyant : « Cette boussole a découvert l'Amérique. »

C'était un objet unique, précieux par le souvenir, curieux même matériellement, étant du xvᵉ siècle. Ce que les hommes du faubourg avaient respecté pendant l'émeute, un monsieur du meilleur monde l'emporta sans façon : « Oh! ça ne

se vendrait presque rien, » dit-il, et il la prit :
« comme souvenir ».

Des sculptures en bois doré furent brisées et
emportées ; une vieille et précieuse tapisserie
déchirée en morceaux et volée ; cent autres objets
furent dérobés par des amateurs de reliques,
disciples de ces Vandales qui courent les musées,
armés d'un ciseau et d'un marteau, et cassent aux
plus belles statues, une main, un doigt, voire
même le nez, et emportent ces débris, comme
souvenir.

CHAPITRE IX

La loi Faider. — A Guernsey. — Avril répandu. — Quel dommage de n'être pas proscrit ! — La littérature de Jersey. — Le dimanche. — Prestige du pair de France. — Ses priviléges. — Deux poules à la reine. — « Ah ! vous commencez trop tôt... »

Après *Napoléon le Petit* la Belgique, ayant fait une loi spéciale, la loi Faider, chassa notre grand poëte, pour outrages à un souverain étranger. Victor Hugo partit alors pour Jersey, demanda l'hospitalité à l'Angleterre et s'établit à Marine-Terrace. Mais, en 1853, quand le poëte eut jeté à la patrie avilie et courbée les sublimes appels des *Châtiments*, Bonaparte, trouvant les proscrits encore trop près de France, obtint que l'Angleterre éloignât ces fantômes de la République

assassinée, dont la voix importune venait jus-
qu'aux Tuileries troubler son sommeil.

Les proscrits émigrèrent alors à Guernsey, et
purent enfin dans cette île fixer leurs pénates
errants et rallumer leurs foyers éteints.

Charles Hugo, dans *les Hommes de l'exil*, a
écrit de sa plume étincelante toutes les péripé-
ties de cette guerre que l'empire triomphant fit à
une poignée de vaincus. Et ce sont des histoires
bien émouvantes et bien étranges que ces expul-
sions de proscrits, ces exils dans l'exil.

*
* *

En quittant Jersey, Victor Hugo s'établit à
Hauteville-House, dans l'île de Guernsey.

Il y est resté seize années, et ce séjour a laissé
un profond souvenir dans sa mémoire.

Il parle souvent de Guernsey, de ce ciel si clé-
ment et si doux. Dans ce tiède éden, l'aloès croît
et fleurit. — Je possède une petite photographie
représentant un coin du jardin du poëte, où se
dresse un aloès qui a plus de huit mètres de hau-

teur. Les camélias poussent en pleine terre, et les jardins ont pour haies des broussailles de fuchsias.

François-Victor Hugo a dit de ce climat : « C'est un avril répandu. »

Souvent le poëte, au milieu des agitations de la vie publique, rêvant de retraite et de repos, nous a dit : — Je voudrais partir pour Guernsey, et vous emmener tous avec moi. J'ai une grande salle à manger, et ma table peut admettre vingt-cinq personnes. La cuisine de l'île est peu variée, c'est la cuisine anglaise ; mais enfin vous vous en contenteriez : un bon rostbeef et de bonnes pommes de terres, cela suffit pour vivre. — Au fond de mon jardin, je ferais bâtir un théâtre, et nous y jouerions les pièces du *Théâtre en liberté.*

Tout cela nous a paru si tentant (de loin), que nous nous sommes écriés en riant : — Quel dommage, cher Maître, que nous ne soyons pas proscrits tous ensemble !

*
* *

La population de ces îles qui furent autrefois françaises, parle moitié l'anglais, moitié le patois normand, ou un français bizarre, mâtiné d'expressions anciennes et de tournures anglaises. Les phrases sont si étrangement construites qu'on ne peut s'empêcher d'en sourire.

C'est un des journaux les plus littéraires de Jersey, qui annonçait ainsi l'arrivée de Victor Hugo :

« *Avant-hier, débarqua dans l'île, M. Victor Hugo, un de nos muses les plus distingués.* »

En général, l'esprit de la population n'a plus rien de gaulois ; la pruderie anglaise et le rigorisme protestant ont envahi les mœurs. L'intolérance et le fanatisme font les plus beaux ornements du Jersiais.

On sait que le dimanche est, pour les Anglais, le jour consacré à un austère et religieux ennui. Ce jour-là, l'Angleterre a le spleen divin ; nulle maison n'est ouverte, on ne voyage pas, on ne sort pas de chez soi, on ne se permet d'autre plaisir que la lecture de la Bible en famille.

On a cependant le droit de manger et de boire, de boire surtout.

A Jersey, les voyageurs qui venaient voir Hugo

et qui arrivaient le dimanche, étaient insultés en débarquant.

La reine d'Angleterre, n'ayant sans doute pas pu faire autrement, arriva une fois le dimanche dans l'île.

La foule était sur les quais, mécontente et presque hostile. — Victor Hugo se trouvait par hasard sur le port, au moment où la reine débarquait : il se croisa avec elle, et se découvrit.

« Ce n'était pas la reine que je saluais, dit-il, c'était la femme. »

Ce fut le seul salut que reçut la reine. Il est vrai qu'il en valait beaucoup d'autres ! mais pas un Jersiais n'ôta son chapeau devant cette reine qui osait voyager le dimanche.

Le poëte avait chez lui un billard qu'il livrait aux proscrits. — Quand, le dimanche, ces hommes venaient chez le poëte se distraire et se délasser de leurs travaux de la semaine, on était obligé de fermer les volets et d'amortir le choc des billes : la population aurait pu s'indigner et attaquer ces païens.

Pourtant, la maison de Victor Hugo avait un

prestige. — « Vous croyez peut-être, nous disait le poëte en riant, que c'est parce que j'étais Victor Hugo? Non! C'est parce que j'étais investi d'un titre toujours respecté en Angleterre. J'étais pair de France, et les pairs de France et d'Angleterre jouissent de priviléges curieux. »

En Angleterre, on n'abroge pas les anciennes lois, on les laisse tomber en désuétude; il suit de là que de vieilles coutumes sont restées vivaces dans quelques comtés, et dans les îles qui ont une certaine autonomie. Pour cette raison, la législation anglaise est un bizarre mélange d'usages démodés, de coutumes locales, et de lois progressistes. — Dans ce pays libre, on retrouve côte à côte, pêle-mêle, le douzième et le dix-neuvième siècle.

Ainsi, en sa qualité de pair de France, Victor Hugo avait le droit de ne pas faire balayer devant sa maison, et de ne pas faire arracher l'herbe qui croissait devant sa porte. Il avait le droit de mettre sa jambe dans le lit de la reine.

En revanche, il lui devait deux poules par an, et, chaque année, le dîmeur venait ponctuellement en réclamer le prix, au nom de la reine d'Angleterre, suzeraine du duché de Normandie.

Le titre de pair était donc une protection pour Victor Hugo ; on l'appelait milord, et le gouverneur de l'île était son inférieur.

Il existe une vieille inimitié entre les Jersiais et les Guernsiais, de sorte que l'expulsion des proscrits de Jersey devait être un titre à la sympathie de Guernsey. Cependant, telles avaient été les calomnies des journaux vendus à Bonaparte, telles avaient été les manœuvres des mouchards, que ces populations ignorantes, sur la foi des feuilles répandues par les émissaires de l'Elysée, prenaient les réfugiés pour des voleurs et des bandits.

Ce ne fut qu'à force de temps que les proscrits eurent raison de l'hostilité que témoignait le peuple à ces hommes, « que la société française rejetait de son sein ».

Une petite anecdote va montrer quelle fut tout d'abord l'attitude des insulaires à leur égard.

Le jour même de leur arrivée à Guernsey, dans l'auberge où plusieurs d'entre eux descendirent, une somme de dix schellings qui avait été déposée sur la table, pour payer une dépense, fut soustraite, on ne sait comment. Et comme on se plaignait au constable de ce léger vol, s'adressant aux Français, ce magistrat leur dit gravement ces mots mémorables et pleins de sous-entendus : « Ah ! vous avez tort ! vous commencez trop tôt ! »

CHAPITRE X

Les espions. — Un pur ! — Une scène de francs-juges. —
La jalousie d'une femme. — La malle à double fond. —
Le jugement. — La prison pour dettes. — Un vilain mon-
sieur !

On reconnaissait l'œuvre des mouchards de
l'empire dans cette prévention du peuple contre
les proscrits. — Les espions, en effet, pullulaient
autour d'eux. — De tout temps les agents provo-
cateurs ont été les enfants chéris de la police. Ce
sont des instruments si utiles et si précieux !

Leur devise est « toujours plus loin » ; ils dé-
passent les plus avancés des partis. Ils ont pour
rôle et pour fonction d'attirer à eux les naïfs,
les âmes simples, souvent les meilleures, et les
moins en garde contre l'hypocrisie des dévoue-
ments et les utopies des systèmes.

Il est si facile à griser, le peuple, avec des semblants de générosité et des mensonges. — « Vous vous dites démocrates, hommes de progrès, vous? — Arrière, — nous voilà! — Liberté de la presse, liberté d'association, liberté de réunion! Qu'est-ce que tout cela? — Des mots creux avec lesquels vous endormez le peuple : vous n'êtes que des imposteurs, et c'est nous qui sommes les vrais amis du peuple, les purs démocrates socialistes! — Et la seule question la voici : votre portemonnaie! Vous êtes riche, moi pauvre! — Partageons, s'il vous plaît! »

Et les naïfs se laissent prendre à ces faux, à ces funestes amis du peuple.

Quels précieux auxiliaires pour le pouvoir que ces agents, qui vont semant ainsi la division dans le camp ennemi, et sont le dissolvant le plus actif parmi des hommes qui, n'ayant au fond qu'une seule, une même pensée, seraient, par leur entente et leur union, une force redoutable et menaçante pour la tyrannie.

Les mouchards furent cultivés par l'empire.

A Jersey, était un jour apparu un proscrit. Il s'appelait Damascène Hubert, et se disait architecte aux Andelys. Cet homme s'était en peu de temps fait une réputation parmi les proscrits. Il était le vrai et le seul démocrate. Quand Victor Hugo passait, il disait : « Voilà le tyran! et quand nous rentrerons en France, mon premier coup de fusil sera pour lui ».

Déconsidérer Victor Hugo dans la proscription, ce n'était pas une idée si bête! on en conviendra !

Damascène Hubert disait : « Je suis, moi, l'ami des misérables, et, tant qu'il y aura des misérables, je veux être misérable comme eux. » Et sa vie avait, en effet, quelque chose d'austère. Il s'était logé dans une cave, entre Saint-Hélier et Saint-Aubin. Il n'avait pas de lit, et couchait sur la dalle, dans son sous-sol. Il vivait de pain et d'eau ; il allait vêtu de haillons. Il y avait en lui je ne sais quoi d'un saint Jérôme, d'un apôtre farouche.

Cet être apocalyptique eut bientôt un cercle

d'admirateurs, de fanatiques même, parmi les proscrits.

Les proscrits avaient fondé entre eux une caisse de secours, qui donnait chaque jour, à ceux qui se trouvaient dans le besoin, une somme suffisante pour vivre; Damascène Hubert refusa formellement tous les secours qui lui furent offerts.

Un Jersiais, nommé Cowet, républicain, qui possédait plusieurs milliers de livres sterling de rente, frappé de la sauvage grandeur de ce proscrit, s'était fait son ami, et était l'un de ses plus fervents admirateurs, et il lui disait : « Voyons, je ne veux plus que tu vives dans ta cave; viens demeurer avec moi ! »

« — Non! répondait Hubert; tant qu'il y aura des malheureux qui n'ont pas de lit, je ne veux pas de lit ! » Et il couchait sur la paille. C'était Job dans la cave de Marat.

*
* *

Une nuit de l'été 1853, Victor Hugo, fatigué du travail de la journée, goûtait le premier sommeil, quand son fils, François-Victor, frappe à la porte de sa chambre et entre.

— Qu'y a-t-il? fait Victor Hugo.

— Je te demande pardon de te déranger, mon père ; mais il faudrait te lever.

— Ah ! et pourquoi donc?

— Pour une affaire grave; il y va de la vie d'un homme ; notre présence est nécessaire. C'est Kesler qui vient nous chercher.

Victor Hugo s'était habillé : avec ses fils, Charles et François, accompagné de A. Vacquerie et de Hennet de Kesler, il se met en route.

Il s'agissait d'aller à près d'une demi-lieue de Marine-Terrace, à l'auberge d'un nommé Bovet.

Il était près d'une heure du matin quand ils arrivèrent; on les fit descendre dans une espèce de sous-sol assez vaste, et Victor Hugo se trouva tout à coup en présence d'une véritable scène de francs-juges.

Quarante ou cinquante proscrits se pressaient dans la salle, éclairée seulement par quatre ou cinq chandelles de suif.

Au fond, une table à laquelle était assis le

président de l'assemblée, un proscrit nommé Cahaigne, et devant la table, assis sur un tabouret, la tête basse, avec l'attitude d'une bête fauve tombée dans une fosse, non attaché, mais gardé à vue par quatre proscrits, l'homme apocalyptique, le Brutus, le pur, le vrai démocrate socialiste, Damascène Hubert, en personne.

Voici ce qui s'était passé :

*
* *

Cet homme était tombé malade ; les proscrits le soignèrent fraternellement, passant la nuit auprès de lui, et se relayant au chevet de son *lit*, — car, à la nouvelle de sa maladie, un proscrit lui avait envoyé son matelas. — François-Victor et Charles Hugo le veillèrent comme les autres.

Il faut dire que cet homme qui n'avait pas ou presque pas de chemise, avait cependant pour maîtresse une blanchisseuse. Je ne sais quel motif de jalousie ou de haine il pouvait avoir donné à cette femme ; mais, un soir, les deux proscrits qui étaient auprès du malade virent arriver cette femme dans le bouge de Damascène Hubert.

Elle entre furieuse, va droit au lit du malade, l'accable d'injures, et, comme les proscrits veulent la faire sortir et lui ordonnent de laisser le malade en repos, elle tourne sa colère contre eux et leur crie ironiquement : « Vous en êtes encore de fiers imbéciles, vous ! Vous êtes là à le soigner comme un ami, et c'est un mouchard ! »

On est ombrageux quand on est proscrit. Cette accusation fit dresser l'oreille aux deux hommes. Et pendant que, ramassant ses forces, le malade criait des menaces et des injures à la femme qui le dénonçait, les proscrits s'approchèrent du lit.

— Vous entendez, Hubert, ce que dit cette femme ?

— Ce n'est pas vrai ! grogna Hubert.

— Fouillez sa malle, et vous verrez, reprit la femme.

Les proscrits s'approchèrent de la malle qui était poussée sous le pliant du malade.

Celui-ci rugissait : « Vous êtes chez moi, ici, je vous défends de toucher à ma malle. »

— Donnez-nous vos clefs, Hubert, reprenaient les proscrits impassibles, sentant peu à peu le soupçon pénétrer dans leur esprit.

— Je ne veux pas, criait Hubert; allez-vous-en, vous êtes chez moi, ici !

— Je sais où elles sont, les clefs, dit encore la femme qui assistait avec joie à la scène et savourait l'impuissante fureur d'Hubert. Elles sont là ! et elle montrait un coin du mur.

Les proscrits prirent les clefs, et tandis que Damascène Hubert s'agitait convulsivement sur son lit, ils ouvrirent la malle.

Ils en tirèrent quelques hardes, quelques haillons; mais, ayant tout fouillé, ils ne trouvèrent aucun papier.

Le malade poussait déjà des grognements de triomphe : « Vous voyez bien qu'il n'y a rien! ce n'est pas vrai ! »

La femme, implacable, s'écria encore : « Sont-ils bêtes! Vous ne voyez donc pas la différence qu'il y a entre la profondeur de la malle, dedans, et sa hauteur, dehors? Il y a là un double fond, défoncez-le, et vous verrez ! »

Hubert hurla de plus belle ; mais, sans se soucier de ses vociférations, les proscrits firent sauter le double fond, et une avalanche de papiers tomba de cette cachette...

*
* *

Bientôt les autres proscrits furent avertis et appelés ; la colonie de Saint-Hélier et des environs fut sur pied.

Damascène Hubert fut saisi, habillé et emporté à l'auberge voisine, chez Bovet, où on était en train de le juger quand Victor Hugo arriva.

Les lettres et les papiers trouvés dans sa malle ne laissaient aucun doute. C'était toute une correspondance entre ce misérable et le préfet de police Maupas ; plusieurs des lettres débattaient le prix de ses odieux services.

L'indignation des proscrits était au comble. Quelques-uns de ceux qui avaient été les plus fervents sectaires de cet homme, furieux d'avoir été trompés, et honteux de leur déconvenue, étaient les plus acharnés contre lui. Quelques autres, indignés aussi, se taisaient cependant. Il semblait que cet homme, convaincu de trahison, gardât encore à leurs yeux quelque chose de l'apôtre qu'ils avaient admiré.

Et lui, farouche, courbant le front, les yeux à terre, il gardait le silence.

Certes, la colère des proscrits était légitime ! et la grande majorité des assistants voulait faire une prompte justice de l'espion. Il était condamné ; et l'aubergiste Bovet qui avait été un des fanatiques de Hubert, passant de l'admiration à la rage, offrit de garrotter cet homme, de le rouler dans quelque couverture, et, avec l'aide de deux proscrits, de l'aller jeter à la mer.

Victor Hugo, ses fils, A. Vacquerie, Kesler et quelques autres, repoussèrent la mort : Victor Hugo prit la parole ; il remontra aux proscrits qu'ils n'avaient pas le droit de se faire ainsi justice à eux-mêmes ; il leur dit qu'ils se mettaient

sous le coup des lois du pays où ils se trouvaient ;
que les juges ne tiendraient aucun compte de leur
juste colère, de leur droit même, et qu'ils se-
raient traités en assassins. Enfin Victor Hugo
s'opposa si énergiquement à cette exécution que
les proscrits y renoncèrent.

On délibéra alors sur les moyens de se débar-
rasser de cet homme, et en même temps de le
mettre dans l'impuissance de nuire et de recom-
mencer ailleurs ses infamies.

L'un des proscrits proposa de le mettre en li-
berté, mais après lui avoir préalablement coupé
le lobe de l'oreille.

« C'est une blessure légère, peu douloureuse,
dit-il, et au moins tous les proscrits pourront le
reconnaître, le traître ; nos avis signaleront à
toute la proscription l'homme à l'oreille coupée. »

Victor Hugo s'opposa encore à ce châtiment.

Alors l'aubergiste Bovet eut une idée. Ce misé-
rable Hubert lui devait, pour le loyer de sa cave
et pour sa nourriture, une centaine de francs. Aux
termes de la loi anglaise, le créancier avait le

droit de faire emprisonner son débiteur. Le matin même, la plainte était entre les mains du centenier, et Damascène Hubert était prisonnier pour dettes.

*
* *

Les proscrits étaient obligés de donner 15 pences par jour pour sa nourriture à la prison. Chacun payait une semaine à son tour. L'espion resta ainsi quelques mois sous les verroux. Puis, une fois que revenait le tour de Victor Hugo, A. Vacquerie dit au poëte : « Êtes-vous d'avis de donner encore de l'argent pour qu'un homme soit en prison ? »

— Ma foi, non ! dit Victor Hugo ; et demain quand le centenier viendra, dites que je n'y suis pas.

Le centenier se présenta, et comme il ne reçut pas la somme fixée, — aux termes de la loi anglaise, — il remit immédiatement le prisonnier en liberté.

Damascène Hubert prit le premier packet et ne reparut plus.

C'est ainsi que l'espion de Bonaparte dut à Victor Hugo, non-seulement la vie, mais encore la liberté.

*
* *

Que de fois le poëte eut de ces déceptions qui rendraient circonspecte et soupçonneuse toute autre âme moins généreuse et moins ouverte que la sienne. Que de fois il a été trompé par de faux frères. Et tout récemment encore, il me citait un jeune homme qui, pendant son séjour à Bruxelles, s'était introduit auprès de lui. Nul n'était plus enthousiaste, nul plus ardent, nul plus fidèle disciple ! Combien de fois ce jeune Judas s'est assis à la table du Maître ! Un jour même, il demanda à Victor Hugo la faveur d'entrer dans son cabinet de travail, et là, se jetant à genoux, il baisa la page commencée qui se trouvait sur la table de travail du poëte.

Quelque temps après, ce disciple enthousiaste, ce fervent adorateur, s'escrimait du bec et des ongles contre l'idole, et dans je ne sais quelle feuille immonde passait son temps à insulter l'homme éternel.

Et cela pour de l'argent !

CHAPITRE XI

Hauteville-House. — La galerie de chêne. — Le fauteuil des
aïeux. — La liberté. — L'encrier des quatre grands esprits
du siècle. — La chambre Garibaldi. — Les dessins.

C'est à Guernsey qu'est la vraie maison du
poëte ; Hauteville-House est la demeure qui s'est
peu à peu transformée sous sa fantaisie ; où cha-
que salle, chaque pan de mur, chaque meuble,
garde quelque chose de lui-même, et semble
dire : le Maître a passé là.

C'est à Hauteville-House que sont tous les
objets d'art, les curiosités que Victor Hugo rap-
portait de ses voyages, et les portraits de famille.

C'est là que se trouve *la galerie de chêne*, tout
entière ornée de panneaux et de meubles an-
ciens ; et parmi les curiosités de cette galerie,

citons une stalle, aux armes des Bourbons, qui fut, dit-on, dans la cathédrale de Chartres, réservée aux filles de France, quand elles allaient en pèlerinage dans cette basilique.

Dans la salle à manger, au haut bout de la table, est un grand fauteuil fermé par une chaîne, et où nul jamais ne s'assied. C'est le fauteuil des ancêtres : *sella defunctorum*. Et le poëte fait ainsi présider le repas par l'âme des aïeux.

*
* *

Partout des inscriptions, des dessins et des vers du poëte.

Mme D... avait offert à Victor Hugo une Notre-dame des Victoires en vieux Rouen. C'était une rare et merveilleuse pièce que cette vierge portant dans ses bras l'enfant au globe. — Pour donner à ce précieux bibelot de sainteté le droit de cité dans son salon républicain, Victor Hugo écrivit au-dessous ce quatrain :

> « Le Peuple est petit, mais il sera grand,
> Dans tes bras sacrés, ô mère féconde,

> O Liberté sainte, au pas conquérant,
> Tu portes l'enfant qui porte le monde. »

Et résumant son idée en un vers latin, Victor Hugo écrivit encore cet hexamètre aux pieds de la vierge transformée en Liberté :

« *Libertas populum, populus dum sustinet orbem.* »

*
* *

C'est à Guernsey qu'on peut voir un encrier quatre fois historique.

Avant l'exil, on était venu prier Victor Hugo d'offrir à un bazar de charité son encrier, et ceux de Lamartine, de George Sand et d'Alexandre Dumas père.

Victor Hugo consentit, obtint de ses trois amis un encrier, y ajouta le sien, comme on le lui demandait, et les fit enchâsser aux quatre coins d'un petit meuble de chêne.

Quand vint la vente, ce fut le poëte lui-même qui racheta son offrande, pour une belle somme, ma foi ! Et il est resté possesseur de « l'encrier des quatre grands esprits du siècle », comme on l'avait appelé.

*
* *

— Vers le temps de Mentana, une chambre avait été préparée pour recevoir Garibaldi, s'il acceptait l'hospitalité que le grand poëte offrait au grand patriote en ces vers admirables :

« Oui, viens! chacun de nous, frère à l'âme meurtrie,
Veut avec son exil te faire une patrie.
Viens, assieds-toi chez ceux qui n'ont plus de foyer.
Viens, toi qu'on a pu vaincre, et qu'on n'a pu ployer.
Nous chercherons quel est le nom de l'Espérance,
Nous dirons : Italie, et tu répondras : France,
Et nous regarderons, car le soir fait rêver,
En attendant les droits, les astres se lever! »

Le grand soldat ne put se rendre à Guernsey, mais son nom est resté à la chambre qu'il devait occuper, — c'est la chambre Garibaldi.

*
* *

C'est encore à Guernsey qu'est la galerie grandiose et étonnante des dessins du Maître. Nul n'ignore que Victor Hugo dessine avec une puissance et une originalité égales à celles de son style. Les traits de plume, comme les phrases, portent la griffe du lion. Tout le monde a vu quelque reproduction de ces magistrales œuvres, et je sais qu'une collection de ces puissantes esquisses va être répandue par la photographie. Victor Hugo dessine avec une plume d'oie, avec un morceau de papier roulé, avec une allumette, avec tout ce qui lui tombe sous la main; et il produit des oppositions d'ombre et de lumière d'une intensité frappante.

J'ai vu quelques-uns de ces chefs-d'œuvre : c'est le château de Ruy-Gomez, avec ses murs croulants, ses tourelles en ruine, ses clochetons branlants, ses arches béantes et sombres. C'est la rue d'une ville du moyen âge, avec ses pignons et ses clochetons pointus. Chez M. A. Vacquerie, on peut admirer, entre autres, deux pages d'une étonnante grandeur : c'est un navire désemparé, brisé, roulant au gré de la tempête sur une mer en démence; au-dessous, est écrite cette devise : *Fracta sed invicta.*

N'est-ce pas l'âme même du Maître?

Un autre dessin montre une vague énorme, écumeuse et sombre, l'océan soulevé par l'ouragan; ce dessin a pour épigraphe : *Ma destinée.*

Le graveur Chenay reproduisit, pendant l'exil, un album des dessins les plus curieux, et Victor Hugo, en offrant cet album à Mme D..., écrivit ces vers à la première page.

A Mme D...

Il met sous votre aile aujourd'hui
Ces dessins, qu'hélas on déterre.
Plaignez-le de ce double ennui,
Etant le proscrit volontaire,
D'être le peintre malgré lui.

V. H.

CHAPITRE XII

La jeunesse sous l'empire. — Lettres à Victor Hugo. — Billets précieux. — Salut à un nouveau-né. — Hennet de Kesler. — Le cabinet noir. — L'article du Code. — Inutile d'ouvrir.

Qui de nous, jeunes gens, quand on étouffait sous l'empire, n'a jeté en des strophes ardentes ses indignations, ses angoisses, ses appels? C'est à Victor Hugo que nous adressions ces jeunes rimes, où parmi les bégaiements de notre poésie éclataient la haine de la tyrannie et l'énergique volonté de combattre pour la délivrance...

C'est vers le grand poëte que se tournaient les regards de la jeunesse. C'est lui qui, avec deux livres, avait fait de nous les soldats de la République. Et l'on peut dire que s'il a été le père de tous les poëtes contemporains, il a été aussi le Maître politique des générations qui sont arrivées à l'âge d'homme pendant que l'empire pesait sur la France.

Dans le silence de mort que Bonaparte avait fait autour de son crime, seule la voix du grand exilé retentissait jusqu'à nous; et comme des prisonniers enchaînés, baîllonnés mais rugissants, l'oreille tendue, le regard ardent, le cœur battant d'espérance, nous écoutions au loin le clairon des *Châtiments* sonner l'heure de la justice et le réveil de la Patrie.

C'est donc à Hugo que nous écrivions !

Dans les dernières années de l'empire, impatient du joug, j'envoyais à Guernsey mes vers de la vingtième année. Ils me font sourire aujourd'hui, mais je n'en rougis pas ! car ces enfantillages avaient pour principe l'enthousiasme, l'amour du bien, de la justice, et de la Liberté ! Et qui donc parmi les jeunes d'alors n'a pas fait comme moi ?

Voici quelques-unes de ces rimes entre mille
autres :

A Victor Hugo...

... Ah !.. lorsque tous les fronts sont courbés vers la terre,
Lorsque le peuple est vil, et ne sait que se taire,
   Et sourit dans sa lâcheté ;

Lorsqu'il laisse au repos sécher sa main puissante,
Oh ! nous sommes heureux que ta voix menaçante
   Jette le cri de Liberté.

Quand des dogues, avec des rauquements de joie,
Mordent dans notre honneur comme dans une proie,
   Et déchirent nos lois ;

Lorsque la Liberté prise à la gorge, râle,
Oh ! nous aimons alors entendre ta voix mâle
   Revendiquer nos droits !

Et lorsque nous voyons la débauche et le crime
Fouler, le front levé, le corps de leur victime,
   Et triompher insolemment,

Nous aimons la fureur sainte qui te soulève,
Et nous battons des mains quand nous voyons ton glaive
   Se tirer pour le *châtiment*...

Juillet 1867.

Quelques mois après, je disais encore :

. . . .

— Et toi, Maître, notre prophète,
Dont les yeux percent l'avenir ;
Qui, lorsque les rois sont en fête,
Nous dis : « Tout cela va finir ! »

Toi, le Daniel impassible
De ces Balthazars effarés ;
Toi, dont la main calme et terrible
Ecrit : Mane, Thecel, Pharès...

Parle-nous ! parle ! le temps presse !
Parle ! car nous désespérons !
Affermis notre âme en détresse
Par les chants mâles des clairons.

Chante-nous, chante l'espérance :
Assez de deuils, assez de pleurs !
Dis-nous que notre pauvre France
Va voir la fin de ses douleurs.

Montre-nous l'aurore vermeille !
Dis-nous qu'après un long sommeil
La conscience se réveille
Lumineuse comme un soleil !

Qu'au-dessus des crimes funèbres
Du prêtre et du tyran hagards,
Le châtiment dans les ténèbres
Va bientôt luire à nos regards !

Malgré l'inaction funeste
Qui nous fit pareils à des morts,

Assez de volonté nous reste
Pour tenter les derniers efforts.

Car dans la prison souterraine
Où l'empire nous a jetés,
Nous avons respiré la haine
Et grandi pour les Libertés !

Octobre 1868.

*
* *

Le grand poëte voulait bien se pencher vers nous, ne pas sourire de ces élans naïfs... et avec quelques mots il réchauffait nos âmes, et nous disait de croire et d'espérer.

Non ! l'amoureux de vingt ans ne lit pas un billet de sa maîtresse avec une émotion plus vive que n'était la mienne quand je brisais le cachet des lettres où le poëte me parlait de cette maîtresse auguste : la Liberté !

*
* *

L'une de ces lettres commençait ainsi :

« Hauteville-House, 26 juillet 1868.

« Quand votre précieux envoi m'est arrivé, j'étais « éprouvé par un deuil profond : je perdais un petit « enfant, j'étais accablé...»

9

Le petit enfant que Victor Hugo perdait en 1868, était le premier-né de son fils Charles.

Quelle douleur pour le grand-père, de voir s'envoler sa chère espérance, l'enfant dont il avait salué la naissance par cette lettre superbe, que je dois à la bonté de Mme Alice-Charles Hugo, de pouvoir publier :

> « Hauteville-House, 3 avril 1867.
>
> « Georges, nais pour le devoir, grandis pour la liberté,
> « vis dans le progrès pour mourir dans la lumière! aie
> « dans les veines le doux lait de ta mère, et le généreux
> « esprit de ton père; sois bon, sois fort, sois honnête,
> « sois juste! et reçois, dans le baiser de ta grand-mère, la
> « bénédiction de ton grand-père.
>
> « VICTOR HUGO. »

*
* *

— D'autres proscrits encore envoyaient leurs encouragements fraternels à la jeunesse. C'est ainsi que je recevais cette page touchante d'un vaillant écrivain, Hennet de Kesler, un ami de Baudin, et qui était à ses côtés, à la barricade Sainte-Marguerite.

Ce fier proscrit, répondant à une lettre que je lui avais envoyée le 3 décembre, m'écrivait :

« Guernsey, le 24 décembre 1868.

« Cher citoyen.

« Je suis excessivement touché et profondément reconnaissant de l'honneur que vous me faites en m'adressant vos vers pleins de souffle et de flamme sur le 3 décembre anniversaire. Vous avez écrit là et entre autres, quatre ou cinq strophes d'une très-belle poésie. C'est mon opinion, et c'est aussi celle de Victor Hugo, notre maître à tous. Je vous assure que c'est une consolation bien grande, après dix-sept ans d'exil, que de rencontrer des cœurs vaillants comme le vôtre, qui veuillent bien entrer en communication sympathique avec un pauvre oublié comme moi.

« Je vous dois une bien douce émotion ; et c'est du fond du cœur que je vous crie : Merci ; car c'est comme un petit morceau de patrie que vous m'avez envoyé.

« M. Hugo vous a envoyé, avec un mot d'amitié, sa *Voix de Guernsey*. Il me prie de vous demander si vous l'avez reçue ; car ce que nous envoyons n'arrive pas toujours. En tout cas, tenez-vous pour averti.

« J'ai écrit à mon jeune ami F. H... il y a déjà longtemps. Je lui demandais de la musique. Il ne m'a pas répondu, a-t-il reçu ma lettre ?

« Ah ! que vous êtes heureux d'être en France, belle et noble jeunesse ! Vous la sauverez, n'est-ce pas ? Et vous effacerez la honte de cette triste page de son histoire qui date du 2 décembre 1851.

« Adieu, cher citoyen; je voudrais pouvoir dire : à bientôt!

« E.-H. Kesler. »

*
* *

Un passage de cette lettre me ramène à Victor Hugo. Il était dans la destinée du poëte de voir ses lettres ouvertes par les cabinets noirs de tous les régimes. On sait que sous les Bourbons il écrivit à la mère du conspirateur Delon, pour offrir dans sa maison un asile à ce jeune homme.

Cette généreuse lettre fut ouverte et copiée par la police.

Sous l'empire cela était tout simple, et le cabinet noir fonctionnait avec une persévérante activité. — Aussi avais-je à Strasbourg un ami qui allait jeter à Kehl les lettres que je voulais faire parvenir à Guernsey. Mais celles que le grand proscrit envoyait à la France, du haut de son rocher, n'échappaient pas toujours à la police impériale. — Presque toutes étaient lues : — et beaucoup confisquées.

Pour braver l'empire, Victor Hugo avait fait imprimer sur le coin de ses enveloppes l'article 187 du Code pénal, ainsi conçu :

« Toute suppression, toute ouverture de lettres confiées à la poste, commise ou facilitée par un fonctionnaire ou un agent du gouvernement ou de l'Administration des postes, sera punie d'une amende de seize francs à cinq cents francs, et d'un emprisonnement de trois mois à cinq ans. »

C'est sous la protection de cette loi, violée du reste comme les autres, que l'exilé mettait ses lettres.

Un jour, le poëte témoigna d'un mépris encore plus hautain pour les détrousseurs de correspondance. Il écrivit, sur l'enveloppe d'une lettre, ces mots :

« *Affaires de famille. Inutile de l'ouvrir.*

Victor Hugo. »

En dépit du cabinet noir, je reçus la *Voix de Guernsey* dont me parlait Kesler. J'en reçus même plusieurs paquets, et je distribuai à mes amis ce poëme superbe, qui flétrissait l'expédition de Mentana, confondait dans la même réprobation Bonaparte et le pape, «ce sinistre vieillard», et vengeait le grand vaincu Garibaldi.

Je le reçus ce précieux envoi, et quand les exemplaires furent épuisés, je fis des copies du poëme, et quand ma main fut lasse d'écrire, j'allai récitant ces vers épiques et vengeurs, qui soulageaient la conscience indignée.

Plus tard, m'annonçant une mort douloureuse, je reçus aussi cette grandiose oraison funèbre que Victor Hugo prononça sur la tombe de son vieux compagnon, Hennet de Kesler. Et je sens, toutes vives encore, la tristesse et l'admiration du premier moment, quand je me rappelle cette péroraison sublime où le poëte charge son ami dans le tombeau, de parler de la France aux grandes âmes des grands morts!

CHAPITRE XIII

Le bonhomme Durand. — Une chanson guerrière. — Un mot naïf et grand. — Hennet de Kesler et *les Misérables*. — Le dîner des enfants pauvres. — Le radeau de la Méduse.

Parmi les hommes de l'exil, il faut citer *le bonhomme Durand*, un vigneron de la Charente, qui, à ses heures, faisait des chansons. Toutes les fois qu'il venait chez Victor Hugo, on ne manquait jamais de le prier de chanter.

Un jour, il arrive au dessert, on lui demande sa chanson ! Il résiste tout d'abord. On insiste. Voyons, bonhomme Durand, vous avez bien quelque chose... Et le bonhomme tire enfin de sa poche un vieux papier déchiré et noirci ; puis, jetant un coup d'œil circulaire sur l'assemblée, il dit d'un ton tragique : « Mais, je vous préviens, que c'est une marche guerrière ! »

— Eh bien, tant mieux, ça doit être très-beau, bonhomme Durand, allons?..

Et il commence :

> Sauvez-vous, sauvons-nous !..
> Sauvez-vous, sauvons-nous !..

Et tous les convives de chercher leur serviette sous la table ou d'avaler leurs mouchoirs, pour ne pas éclater de rire en entendant cette marche guerrière d'un nouveau genre.

*
* *

Le bonhomme Durand avait une admiration profonde pour Victor Hugo, et si nous lui donnons un souvenir ici, c'est à cause du mot que nous allons rapporter.

Un jour, il vient à Hauteville-House. Le poëte était absent. « Alors, il n'est pas là ! Victor Hugo?..

— Si digne de ce nom!! » ajouta-t-il, d'un ton plein de vénération, et les yeux au ciel.

N'est-ce pas que « si digne de ce nom! » est épique? Comme on sent dans cette naïveté un sentiment profond!

Le pauvre homme eut bientôt le mal du pays. Un jour, il dit à brûle-pourpoint à Mme D... : « Dame, écoutez donc, citoyenne! je vas m'acheter pour deux sous de fricot! à mon âge! »

— Le bonhomme regrette sa maison et son village, pensa Mme D... Je crois bien qu'il ne tardera pas à faire sa soumission.

Mme D... ne se trompait pas : quelques jours après, sans prendre congé de personne, le pauvre bonhomme disparut; il avait repris le chemin de sa vigne.

*
* *

Hennet de Kesler était un ancien journaliste; proscrit en 1851, il était allé habiter Guernsey où il donnait des leçons pour vivre.

Tous les matins, en travaillant dans sa chambre de verre, Victor Hugo voyait passer un homme assez gros, marchant péniblement, qui levait la tête et le saluait.

Ayant appris qui il était, et averti que ses leçons lui donnaient à peine le pain quotidien, il le pria de venir partager sa table; Kesler accepta, et devint ainsi le commensal et l'ami de Victor Hugo.

Un jour, il parlait des *Misérables* au poëte, et lui en parlait avec enthousiasme. Il était surtout séduit par la figure d'Eponine, qu'il préférait à Cosette. « Comme elle est grande, disait-il, cette fille, qui des bas-fonds où elle est née, monte jusqu'à l'amour, jusqu'au dévouement et au sacrifice. Je la préfère de beaucoup à Cosette qui n'est qu'une petite bourgeoise. »

Victor Hugo, aimant toutes ses créations comme un père aime ses enfants, d'un amour égal, n'avait de préférence ni pour Cosette, ni pour Eponine ; mais il répondait à Kesler. « L'émotion immédiate que vous éprouvez à la lecture du livre, vous fait oublier l'émotion antérieure. En vous attendrissant sur Eponine vous oubliez tout ce qu'a souffert jadis la petite Cosette, vous oubliez le malheur qui a pesé sur elle. Reprochez-vous au poëte d'avoir donné le bonheur à cette petite *bourgeoise*, comme vous l'appelez !

« Mais elle n'était rien moins que destinée à le devenir. Songez ! c'est l'enfant d'une fille publique, c'est elle-même une fille, c'est-à-dire tout ce qu'il y a de plus fragile, de plus exposé dans la société. Eh bien ! n'est-ce pas consolant de voir que malgré les fatalités qui pesaient sur elle dès le berceau, cette jeune enfant, protégée par un homme que la société poursuit, peut arriver au bonheur ? »

Kesler ne fut pas convaincu. Et il dit au poëte cette parole mémorable : « Tenez, Victor Hugo, vous ne comprenez pas ce livre ! »

** * **

Comme Victor Hugo a dû quelquefois refuser de payer les notes de certains mouchards qui, à Guernsey et à Bruxelles, avaient la prétention de se faire luxueusement entretenir à ses frais; comme il pleut sur lui des demandes d'argent auxquelles une liste civile impériale ne pourrait suffire, il a naturellement été appelé avare.

Sans découvrir ici toutes ses charités, je veux cependant rappeler, pour l'exemple, une fondation du poëte à Guernsey. Il y organisa, deux fois par semaine, ce qu'il appelait *le repas des enfants pauvres.*

Il réunissait chez lui les enfants des plus indigentes familles et leur faisait manger d'excellent roastbeef et boire de bon vin, pour leur donner des forces et de la santé. Le nombre des enfants admis à Hauteville-House s'éleva peu à peu de vingt-cinq à cinquante.

Inviter à dîner des enfants, les élever à soi au lieu de les humilier par l'aumône, n'est-ce pas

là une haute façon de comprendre et de pratiquer
la charité ?

*
* *

Ceci amène un autre souvenir :

A Paris, Victor Hugo avait institué chez lui,
pour les hommes de lettres dans la misère, *le
radeau de la Méduse.*

Il avait réservé dans sa maison une chambre,
au cinquième étage ; c'était une cellule sans luxe,
mais confortable et indépendante, où il donnait
asile aux hommes de lettres malheureux.

Cette hospitalité durait deux mois, trois mois,
six mois ; — le temps de faire un livre.

L'artiste, pendant son travail, n'avait à se
préoccuper d'aucun soin matériel ; il logeait
dans sa mansarde et partageait la table de Vic-
tor Hugo.

Parmi les hommes de lettres naufragés sur cet

enviable *radeau de la Méduse*, nous citerons Gérard de Nerval, Edouard Ourliac ; Balzac même y passa quelque temps... et, dans une époque plus récente, le malheureux et excellent poëte Albert Glatigny.

CHAPITRE XIV

1870. — Le retour. — Les larmes du patriote. — L'entrée
dans Paris. — Le siége. — La table de Victor Hugo. —
Un plat rare. — Distiques et quatrains.

Victor Hugo demeura à Guernsey, dans sa
maison de Hauteville-House, jusqu'en 1870.

Aux premières nouvelles de nos désastres, il
était accouru à Bruxelles, voulant, en ces heures
funestes, être le plus près possible de la Patrie.

Et quand l'homme du guet-apens tragique eut
fini dans la plus ignoble lâcheté ; quand, d'un
geste hautain, le peuple soulevé eut brisé sa chaîne
et relevé le front, celui qui avait dit : « Je ren-
trerai en France quand la Liberté y rentrera »,
put se préparer à revoir ce pays,

« Tombeau de ses aïeux et nid de ses amours. »

***

Le 5 septembre, il rentrait en France.

C'était près de Landrecies. Le train qui l'amenait, passait au milieu de la désolation et de l'horreur. Des hommes morts de fatigue et de faim gisaient le long des talus. On voyait des soldats errants, hâves, déguenillés, soulever avec peine leurs bras épuisés comme pour faire un suprême signal, et s'affaisser à bout d'énergie et de forces. Les chevaux tremblaient sur leurs jambes; et, par centaines, les hommes de l'armée en déroute criaient : « Du pain! du pain! voilà quatre jours que nous n'avons mangé ! »

A la vue de cette poignante détresse, le poëte, brisé par l'émotion, sentit son cœur se gonfler et il éclata en sanglots.

Sa famille, muette, respecta la douleur du grand patriote. Il pleura! Il pleura sur vos souffrances, héroïques soldats! Il pleura sur tes malheurs, triste Patrie, qu'il ne revoyait après vingt ans d'exil vaincue et trahie, que pour souffrir de tes douleurs et essayer de panser tes blessures de sa main filiale.

Au premier arrêt, Hugo descendit et courut à la ville, presque sans vivres, elle aussi. Il organisa des secours pour les infortunés soldats, acheta tout le pain qu'il put trouver, et prit soin de le faire distribuer à ces malheureux. Puis, ce devoir sacré accompli, il reprit la route de Paris.

*
* *

Le peuple attendait son poëte, le grand exilé. Une foule immense encombrait la gare du Nord et les rues voisines. Il était dix heures du soir quand Victor Hugo arriva. Mais ni les événements politiques, ni une attente de plusieurs heures, n'avaient détourné le peuple de sa pensée : saluer le retour de celui qui, pendant vingt ans, avait parlé au nom de la Patrie bâillonnée.

Le grand citoyen fut mille fois acclamé ; la voiture dans laquelle il monta, dut aller au pas ; Paris entier voulait le voir, voulait l'entendre ; la foule l'accompagna de la gare à l'avenue Frochot, où demeurait M. Paul Meurice, et, deux fois dans ce court trajet, il fallut que l'auteur des *Châtiments* parlât au peuple.

*
* *

Il vint donc s'enfermer dans Paris avec sa famille, et nul n'a oublié sa proclamation aux Allemands, ses patriotiques appels aux Parisiens. Il fut, durant cinq mois, le souffle ardent qui chauffait les courages.

*
* *

C'est au pavillon de Rohan, rue de Rivoli, que le poëte habitait pendant le siége de Paris.

En ces heures douloureuses, la table du Maître fut ce qu'étaient celles des autres Parisiens. Sous des formes variées par un art nouveau, le poëte et ses convives mangeaient du rat, du cheval, du chat, de l'âne, de tous les animaux de la création, ce qui faisait dire à Victor Hugo, dans *l'Année terrible* :

« Notre ventre est l'arche de Noé. »

Le Maître, jamais abattu, relevait le courage de tous ceux qui l'entouraient. Souvent il étouffait ses angoisses patriotiques pour rassurer par un

inébranlable espoir, par sa bonne humeur même,
sa famille et ses amis.

Le rire n'était pas banni des dîners du poëte,
et souvent les plats eux-mêmes servaient de cible
à ses railleries.

Il improvisait un distique, un quatrain, et sans
médire de la cuisine, c'était un précieux ragoût
ajouté au menu, que cette poésie spirituelle ou
gauloise.

Voici quelques-unes de ces improvisations sai-
sies au vol :

* *
*

Un soir, Auguste Vacquerie dînait chez le
poëte. Le dessert se composait d'un magnifique
morceau de fromage ; c'était rare et beau, pen-
dant le siége ! Malheureusement, A. Vacquerie a
pour le fromage une répulsion invincible, et il
appelle injurieusement ce comestible « la cha-
rogne du lait ».

Victor Hugo s'écria plaisamment :

Tandis qu'à l'empereur l'Angleterre offre hommage,
Moi, j'offre à Vacquerie un dessert au fromage.

Une autre fois, des rats, chassés et pris dans les maisons voisines, avaient fourni les éléments d'un pâté. Victor Hugo fit ce calembour rimé, sur ce pâté :

O mesdames les hétaïres,
A vos dépens je me nourris :
Moi qui mourais de vos sourires,
Je vais vivre de vos souris.

Mme Judith Gautier se trouvait un soir parmi les convives; c'est à elle que le poëte adressa ce madrigal plein de promesses gastronomiques :

Belle, dont le regard éblouit, charme, embrase,
Je prétends vous offrir un festin sans rival :
Si vous venez demain, je fais rôtir Pégase,
Afin de vous offrir une aile de cheval.

Dans ces festins, en effet, le cheval faisait fréquemment le plat de résistance; de trop de résistance, même parfois ! Et alors chacun s'escrimait de son mieux, des dents et du couteau, sur le beefteack récalcitrant.

Une fois, les convives crurent sentir que leur estomac devenait le champ de bataille où des mets ennemis se livraient des combats acharnés ; alors, souriant du large et malin rire rabelaisien, le Maître disait :

> Mon dîner me tracasse, et même me harcèle,
> J'ai mangé du cheval ! et je songe à la selle !

Honni soit qui mal y pense ! Un éclat de rire général guérissait tous les convives.

*
* *

Vers la fin de l'hiver, quand la disette, de jour en jour accrue, eut inspiré à quelques philanthropes l'idée de manger la chair humaine, le poëte, s'offrant comme une victime pour apaiser la faim de ses concitoyens, fit ce galant testament :

> Je lègue au pays, non ma cendre,
> Mais mon beefteack, morceau de roi !
> Femmes, si vous mangez de moi,
> Vous verrez comme je suis tendre.

Heureusement on n'en vint pas à cette extré-
mité, et Victor Hugo put, à notre grande joie,
devant des tables moins spartiates, nous rappeler
plus tard les maigres dîners et les gras impromp-
tus des mauvais jours.

CHAPITRE XV

A Bordeaux. — L'élection de Garibaldi. — Démission de
Victor Hugo. — L'immortel Lorgeril et l'abbé Jaffré. —
A mort Victor Hugo ! — Le 18 Mars.

Quand on eut souffert cinq mois et quand
Paris eut été livré, nommé représentant du peu-
ple de Paris par 214,000 voix, Victor Hugo
partit pour Bordeaux, et devant l'attitude incroya-
blement hostile de la droite, sortit d'une Assem-
blée où la tribune n'était pas libre.

Le 30 juillet 1874, nous parlions de Garibaldi,
et Victor Hugo voulut bien nous raconter la
fameuse séance où, à propos du patriote italien,
il donna sa démission.

— « En entrant à l'Assemblée de Bordeaux, nous dit le poëte, je l'avais jugée tout de suite. Et, me retournant vers un ami, je lui dis : « Oh ! pire qu'en 1815 !

— « Donc, ce jour-là (c'était le 8 mars 1871), je causais avec Schœlcher au pied de la tribune, et je ne pensais point du tout que la journée serait si chaude, quand le président Grévy, déposant sur le bureau le rapport qui concluait à l'annulation de l'élection de Garibaldi à Alger, éleva la voix, et dit : « Personne ne demande la parole ? »

— Si fait ! moi ! — Et je monte à la tribune.

Dès mes premiers mots, il y eut une explosion de murmures et de cris !

—Ah ! bien ! fis-je à part moi, c'est le moment de tout leur dire !

Je continue. Les murmures, les cris redoublent ; et quand, parlant de Garibaldi, je prononce ces mots : « C'est le seul général qui n'ait pas été vaincu », alors ce fut une véritable tempête.

Ducrot s'écrie : On ne peut pas rester là-dessus !

— Vous y resterez, général ! lui dis-je ! et je

répète : le seul! le seul! en élevant la voix au-
dessus du tumulte. »

En nous redisant cette scène, la voix du grand
poëte vibrait, puissante et haute. Et quand il ré-
péta : « le seul! le seul! » je crus voir debout à
la tribune cet incomparable orateur, dominant
les clameurs de l'Assemblée de sa puissante voix.

*
* *

La mémorable journée de Bordeaux fut égayée
par des incidents comiques. C'est ce jour-là que
M. de Lorgeril s'immortalisa, en criant : « Victor
Hugo ne parle pas français! »

Un prêtre, l'abbé Jaffré, représentant du Mor-
bihan, député pour la première fois, et fort igno-
rant des usages parlementaires, entendant crier :
à l'ordre, Victor Hugo! *à l'ordre!* comprit mal,
au milieu du tapage, et, debout, montrant le
poing au poëte, il criait de toute sa force : à bas

Garibaldi! *à mort,* Victor Hugo! *à mort! à mort!*

En nous contant cette anecdote, le poëte riait de tout son cœur, et nous disait : « Je ne lui en veux pas! Je suis sûr qu'au fond c'est un bonhomme! »

*
* *

C'est à Bordeaux encore que Victor Hugo fit, au sujet des bonapartistes, cette prophétie qui, chaque jour, nous est remise en mémoire par l'attitude insolente et inqualifiable de cette bande, à qui nous n'osons pas donner le nom de parti.

Victor Hugo proposa à la gauche, dont il était président, de mettre en accusation tous les complices du coup d'Etat.

Et comme les *modérés* refusaient, Victor Hugo leur dit : « Ah! vous ne voulez pas mettre le Deux-Décembre en accusation? Eh bien, c'est lui qui vous y mettra! »

Nous avons vu, en effet, les bonapartistes qui, au 4 Septembre, redoutant la juste colère du peuple, s'étaient évanouis et avaient pris le chemin de la frontière ; nous les avons vus reparaître insolents et vainqueurs sur le territoire français ; ils ont osé se présenter dans une Assemblée dite nationale, on les a laissés faire ! Et, s'enhardissant de la longanimité de leurs adversaires, ceux qu'attendaient Cayenne et Lambessa, l'ont pris de haut avec la République, et ce sont eux qui menacent et insultent.

Une autre fois, messieurs les modérés, suivez les conseils du poëte. — Ils ont du bon quelquefois, les poëtes ! —Voyant de plus haut que vous, ils voient aussi plus loin !

*
* *

Victor Hugo se préparait à revenir à Paris quand son fils Charles mourut subitement. Et le poëte ramenait dans la capitale le corps de son. fils, le 18 mars, au moment même où la grande ville s'insurgeait.

Ce jour-là, à midi, le malheureux père arrivait à la gare d'Orléans, avec le cercueil de son fils. Paris était en armes; ce fut au milieu d'une haie de gardes nationaux, respectueux et recueillis, que le cortége traversa la place de la Bastille et les boulevards. Et c'était un spectacle émouvant et grandiose de voir ce peuple oublier sa révolution pour s'unir au deuil de son poëte.

CHAPITRE XVI

A Bruxelles. — L'attaque nocturne. — « C'est des prussiens! »
— L'affiche de Liége. — A Vianden. — Le curé et la Lyre
ouvrière. — Victor Hugo en Zélande. — Le capitaine du
Télegráaph. — Le doyen de Dordrecht. — L'Évangile et
les Misérables. — 66, rue La Rochefoucauld. — Victor Hugo
directeur de théâtre. — Un nouveau deuil.

Personne n'ignore l'inqualifiable agression
dont Victor Hugo faillit être victime en Belgique
pour avoir offert asile dans sa maison aux réfu-
giés de la Commune. En 1852, on l'avait expulsé
de Belgique; près de vingt ans plus tard, il y
était assailli dans sa maison, à coups de pierres,
pour avoir généreusement défendu des vaincus.

Cette attaque nocturne a été racontée par Vic-
tor Hugo lui-même et son fils François-Victor.

De minuit à deux heures du matin, une grêle de pierres assaillit les croisées, brisa les vitres et joncha la chambre du poëte. On se souvient du mot si touchant du petit Georges, encore plein des souvenirs du siége de Paris. En entendant le tumulte de cette attaque sauvage, il dit à son grand-père : « C'est des Prussiens, dis, papapa. »

Ces Prussiens étaient de beaux jeunes gens, gantés, frisés et pommadés, qui avaient payé des ouvriers pour apporter des projectiles dans des seaux et des baquets — car les cailloux manquent sur la place des Barricades. — Parmi ces beaux jeunes gens était le fils du ministre de l'intérieur belge.

Mme Charles Hugo, épouvantée, appelait au secours, et, montant sur le vitrage d'une serre dont les carreaux s'écrasaient sous ses pieds, allait frapper à la fenêtre d'une maison voisine, qui restait sourde, comme la police sur la place.

Le lendemain de cette agression, Victor Hugo recevait l'ordre de quitter la Belgique.

*
* *

Mais tous les Belges n'approuvèrent pas l'attitude de leur gouvernement. Et, outre la protestation que quelques députés portèrent à la tribune, je signalerai entre autres un citoyen qui couvrit les murs de Liége d'énormes affiches où il disait en substance ceci :

« Habitants de Liége, le misérable qui nous gouverne vient de commettre un acte infâme. Victor Hugo nous avait fait l'honneur d'habiter parmi nous; au lieu d'être fier de sa présence, ce polisson, ce gredin de Léopold le chasse!

Habitants de Liége, rappelons Victor Hugo dans nos murs, et réunissons-nous à cet effet dans un meeting, samedi prochain! »

*
* *

Victor Hugo quitta la Belgique et se retira dans le Luxembourg, à Vianden.

Le bruit de son arrivée se répandit bien vite, et le curé, montant en chaire, dénonça, dans son prône, Victor Hugo comme l'assassin de l'archevêque de Paris.

Cet aimable prêtre prédit à ses paroissiens que la présence de cet homme infâme allait amener sur leurs têtes tous les cataclysmes.

La douce homélie du curé produisit un effet inattendu. La société musicale de Vianden, la *Lyre ouvrière*, vint le jour de la fête du poëte, le 31 juillet, lui donner une aubade, chanta sous ses fenêtres et l'acclama avec une chaleureuse sympathie.

Et quelques jours après, comme l'évêque venait à Vianden pour donner la confirmation, le curé ayant demandé à la *Lyre ouvrière* de chanter dans l'église pour la réception de Monseigneur...

La *Lyre ouvrière* refusa.

*
* *

Cette histoire du curé de Vianden me rappelle l'attitude bien différente du pasteur de Dordrecht vis-à-vis de Victor Hugo.

Vers 1867, Victor Hugo fit un voyage en Zélande.

Il s'embarqua à Anvers avec sa famille sur le vapeur *le Télégrâaph*, pour se rendre à Dordrecht, et à peine fut-il monté à bord, que le capitaine du vapeur fit hisser tous ses pavillons, ainsi qu'aux jours de grande fête; comme Charles Hugo lui en demandait la raison : — « Quand le roi de Hollande monte à mon bord, je pavoise, répondit le capitaine, et je ne puis pas faire moins pour Victor Hugo. »

En approchant de Dordrecht, on vit les flammes hissées au mât de tous les signaux. L'arrivée de Victor Hugo était signalée, et quoique le poëte désirât voyager en simple particulier, il eut, au débarcadère, une réception officielle et royale. Les autorités civiles, militaires et religieuses l'attendaient sur le quai; et, après avoir été salué d'un compliment de bienvenue par le bourgmestre, Victor Hugo reçut du doyen de Dordrecht l'invitation de visiter son église.

Le temple de Dordrecht est une merveille du xiiie siècle. Victor Hugo accepta l'offre du doyen, et, au milieu d'une population qui le saluait de ses vivats sympathiques, le poëte, escorté du clergé et des notabilités, se dirigea vers l'église dont le doyen lui fit les honneurs.

Après avoir visité les différentes parties de l'édifice, quand on arriva à la chaire, le doyen pria Victor Hugo d'y monter pour en admirer le ciel, qui est un des plus beaux et des plus curieux morceaux de sculpture.

Victor Hugo monta dans la chaire; et lorsqu'il eut admiré la boiserie, le doyen qui était resté au pied de la chaire avec la foule des assistants, lui dit :

« Monsieur Victor Hugo, puisque vous êtes dans la chaire, je vous prie de n'en pas descendre sans nous adresser quelques paroles dont tous ici nous garderons le plus profond et le plus durable souvenir.

Ce sera un honneur pour ce temple d'avoir entendu votre voix. Et, du reste, ce ne sera pas la première fois que votre parole tombera de cette chaire : je vous prie de regarder les deux livres qu'elle contient. »

Et Victor Hugo, ouvrant les livres qui étaient

posés sur la chaire, vit l'Evangile et les *Misé-rables*.

— « Oui, ajouta le doyen, à côté de l'Evangile, qui est le livre divin, votre livre qui en est le commentaire et l'application ! »

Victor Hugo, pour se rendre au désir exprimé par le doyen, prononça quelques paroles fraternelles pour saluer et remercier les nobles habitants de Dordrecht.

Quel regret que ces paroles n'aient pas été recueillies !

Puis, descendu de la chaire, il invita à dîner les notabilités de cette ville hospitalière.

La musique municipale vint jouer sous les fenêtres de l'hôtel pendant le repas. Au lieu d'un dîner intime ce fut un festin de cérémonie ; mais il y avait chez tous les convives une cordialité si parfaite, une effusion d'admiration si sincère et si vraie que ce fut pour Victor Hugo un autre dîner de famille.

Voilà comment les étrangers accueillaient notre grand poëte ! — Pendant ce temps, en France, des insulteurs à gages n'avaient pas assez de calomnies bêtes et ridicules à verser sur la tête du proscrit...

*
* *

A son retour de Vianden, Victor Hugo vint d'abord habiter rue La Rochefoucauld. La maison du n° 66 ne fut qu'un pied-à-terre pour le Maître ; il ne s'y installa pas, et y reçut à peine.

J'en ai gardé cependant un souvenir :

Une après-midi que j'allais voir le grand poëte, j'entrai dans le salon, à demi meublé, — et j'y admirai une très-belle esquisse en marbre, représentant la France blessée et gisante, avec ces mots de Napoléon le Petit pour épigraphe :

« Si elle dort, silence et chapeau bas ; si elle est morte, à genoux ! »

A côté, sur la même table, ce que je vis me transporta dans un monde d'idées tout intimes, et me fit passer de la némésis politique aux douces idylles de l'aïeul. — C'était un grand théâtre d'enfants dont le directeur était Victor Hugo.

Et je me représentais l'auteur des *Burgraves*,

le grand-père idéal, tout à la fois impresario, auteur et acteur, manœuvrant les pantins, et jouant quelque drame inédit, quelque bouffonnerie improvisée, pour la plus grande joie de Georges et aux applaudissements des petites mains de Jeanne.

*
* *

Les deuils n'étaient pas finis pour le poëte. Au mois de décembre 1873, son fils François-Victor mourait, après une longue et cruelle maladie. Ah! le poëte a été durement éprouvé, quel vide autour de lui! quelle solitude dans sa maison! Je me souviens, les larmes aux yeux, de ces pages émues où le Maître parlant de ses fils, les chers compagnons de son exil, disait leurs regards et leurs cœurs toujours tournés vers la Patrie. Quel grand jour que celui où la France leur apparaîtra!.. où tous ensemble ils reviendront vivre de la vraie vie, au milieu de leurs concitoyens, sur le sol sacré et libre.

Elle est venue cette heure-là! mais elle n'a fait

que passer et s'est évanouie. La Patrie a reconquis son fils illustre, le Maître respire maintenant « l'air orageux et vivifiant de Paris ». Il voit autour de lui un peuple qui le vénère, une jeunesse frissonnante sous son regard. Mais ses deux fils ne sont plus! Et la vieillesse du poëte, qui aurait dû être heureuse et calme, est assombrie et troublée par ces deuils profonds!

CHAPITRE XVII

Le droit de grâce. — Victor Hugo et Thiers. — La première
de *Ruy-Blas*. — Le soufflet d'un père. — Trois condamnées
à mort. — Sauvées. — Les cent francs de Louise Michel.

Si le droit de grâce est un des plus beaux pri-
viléges du pouvoir, l'autorité qui arrache des
victimes à la mort n'est-elle pas une des plus
précieuses prérogatives du génie ?

Que de condamnés ont dû leur grâce à la toute-
puissante intervention du poëte ! Nous l'avons
vu aux journées de Juin. Rappellerons-nous Bar-
bès, sous Louis-Philippe ? Et en 1874, le soldat
Blanc ? Et après la Commune, Maroteau, et bien
d'autres encore.

Un soir que, chez Victor Hugo, Thiers était juslement et sévèrement jugé ; après avoir exprimé sa pensée entière sur le politique, Victor Hugo ajouta : — Je dois dire qu'avec moi il ne s'est montré ni trop absolu, ni trop récalcitrant, et je lui sais gré de ce qu'il a fait en deux circonstances.

Après la Commune, il a eu le tort de se dessaisir de son droit de grâce, et je le lui ai dit souvent. Mais enfin, écoutez ces histoires :

On m'attendait à l'Odéon pour la première représentation de *Ruy-Blas*; j'allais partir, quand une femme arrive chez moi ; elle insiste pour me voir, et dit qu'il y va de la vie d'un homme. Je la reçois, et je me trouve en face d'une mère éplorée qui se jette à mes genoux, et me supplie de sauver son fils.

Devant cette douleur, il n'était plus question de ma pièce. — Madame, lui dis-je, votre fils est condamné. Vous pensez que je puis quelque chose pour lui : on jouera *Ruy-Blas* sans moi, je vous écoute.

Elle me conta alors l'histoire de son fils.

Un jour son père lui avait donné un soufflet; l'enfant qui avait dix-huit ans, fort humilié et le cœur plein de colère, s'engagea. Au bout de quelques mois, il ne tarda pas à trouver que les soufflets d'un père valaient mieux que les caresses d'un caporal; il prit le métier militaire en horreur. La guerre arrive, puis la Commune : le jeune homme était dans Paris au 18 Mars. Il trouva l'occasion bonne pour quitter son régiment; il mit la crosse en l'air, et passa aux fédérés. Quand tout fut fini, il fut pris, jugé. Il venait d'être condamné à mort.

Il avait à ce moment dix-neuf ans. Cette mère venait me supplier de sauver son enfant.

— Madame, lui dis-je, j'espère qu'on ne le fusillera pas. Mettez-vous là d'abord, et écrivez ce que je vais vous dicter; puis, demain matin, j'irai moi-même à Versailles et je verrai M. Thiers.

Je dictai à la mère pour la Commission des grâces une lettre qu'elle porta le soir même, et le lendemain je partais pour Versailles.

Je dis à Thiers : Mon cher Thiers, on a condamné un enfant à mort, je ne veux pas qu'on le tue !

— Ah ! vous savez, je ne peux rien !.. Ce n'est pas à moi qu'appartient le droit de grâce !

— Oui, mais vous n'avez qu'un mot à dire.

— Ce que vous me demandez, mon cher Hugo, est impossible, vous savez bien que je ne suis pas sanguinaire... mais il faut que la justice...

— Sa mère est là, en bas, qui attend la réponse... je lui ai promis... — Et j'insistai.

— Eh bien, dit-il enfin, vous pouvez lui porter l'assurance que son fils ne sera pas fusillé.

*
* *

A quelque temps de là, trois femmes furent condamnées à mort par le 4ᵉ conseil de guerre ; je cours à Versailles, je vois Thiers, et je lui dis : « Ah ça, est-ce qu'on va assassiner les femmes, maintenant ? Quand j'étais dans le Luxembourg, je faisais de loin ce qui était en mon pouvoir ; j'écrivais. Mais aujourd'hui que je suis là, je m'oppose à ce qu'on fusille ces femmes ! Faire tuer des femmes par des femmes, je le comprendrais ! mais faire fusiller des femmes par des soldats ! c'est monstrueux ! J'entrai dans quelques détails physiologiques qui parurent faire impression sur lui, et je terminai en disant : fusiller une femme, c'est fusiller sa mère !

Thiers me sembla attendri, et les trois femmes furent sauvées. »

M. Thiers sera devant l'histoire chargé d'une bien assez lourde responsabilité, accordons-lui le bénéfice de s'être laissé deux fois fléchir par les prières du génie.

*
* *

Puisque nous parlons de cette sombre époque de nos guerres civiles, écoutez un mot que dit Victor Hugo, à propos de la démolition de la colonne. Nul n'a oublié qu'il protesta dans un poëme superbe ; et, un jour, en parlant de ceux qui jetèrent bas ce trophée : « Ils n'ont pas compris, dit-il, que cette colonne c'est le bâton de polichinelle que la Révolution a mis sous le bras de Bonaparte pour casser les reins à toutes les monarchies de l'Europe ! »

*
* *

Victor Hugo parlait un soir avec un sympathique respect de Louise Michel. Il rappelait son attitude virile devant les conseils de guerre, et ses réponses exaltées. « Elle disait à ses juges : j'en ai fait bien plus que vous ne dites ! Oui, je vous ai fait tirer des coups de fusil ! et si vous ne me faites pas fusiller, vous êtes des lâches. » Et Victor Hugo ajoutait : — J'écrivais à cette malheureuse : « Mais vous vous calomniez, ma pauvre enfant ! »

Cette femme énergique montra pendant le siége un courage, une abnégation admirables, se dévouant à soigner les malades et les blessés, et s'oubliant elle-même. Comme elle manquait de tout, Mme Paul Meurice vint un jour trouver Victor Hugo et lui demanda de venir en aide à cette intéressante misère. Victor Hugo donna cent francs. Deux jours après, Mme Meurice revenait chez le poëte, et lui disait : Louise Michel n'a plus rien !

— Et ce que vous lui avez porté avant-hier ?

— Elle l'a distribué à d'autres malheureux.

— Eh bien, voici cent autres francs, mais à condition qu'elle les gardera pour elle.

Mme Meurice porta à Louise Michel cette nouvelle somme qui, ménagée avec intelligence, devait la faire vivre plusieurs jours.

— Je vous apporte encore cent francs, lui dit-elle, mais à une condition.

— Laquelle ?

— C'est que vous les garderez pour vous !

— Oh alors, madame, je ne peux pas les accepter.

— Cependant...

— Non, madame, je ne pourrais pas !.. Devant les misères que je vois tous les jours, je ne pourrais pas résister !..

— Alors prenez-les donc sans condition, entétée que vous êtes ! au surplus, je sais bien que je serais grondée si je les rapportais à celui qui vous les donne.

Et les pauvres de Louise Michel eurent encore leur part dans la nouvelle libéralité du poëte.

CHAPITRE XVIII

Un vers de *l'Année terrible.* — E. Lockroy au secret. — Quatre mois de prison. — « *Je ne montrerais pas mon* « *armée aux passants.* » — Le shah de Perse. — Le bon frère et le sensible précepteur. — Trente livres pesant d'yeux crevés. — Un nom gravé sur des crânes.

Lors de la publication de *l'Année terrible*, vu l'état de siége, et surtout à cause des temps troublés et de l'ardeur des passions politiques, Victor Hugo a retranché de son volume plusieurs pièces, supprimé çà et là quelques vers, et laissé blanche la place de quelques noms.

Un soir, nous priâmes le poëte de reconstituer pour nous quelques vers tronqués, et de lever le masque de points dont il avait couvert certains visages. Et nous entendîmes ces vers vengeurs !

Et le Maître nous dit les noms de ces hommes que flétrira l'histoire, quand il lui ôtera son bâillon volontaire.

Edouard Lockroy était présent: — J'espère, dit-il au Maître, que j'ai toujours mon nom dans *l'Année terrible*?

— Oui, oui; soyez tranquille, dit Victor Hugo, vous y êtes; la pièce s'appelle *le Talion*. Elle paraîtra quand l'heure sera venue, et voilà votre vers :

> Tu fusilles Chaudey, j'emprisonne Lockroy.

Voici à quelle histoire Victor Hugo fait allusion.

Quand éclata le 18 Mars, Edouard Lockroy, député de Paris, s'interposa entre la malheureuse ville et l'Assemblée.

Les négociations entreprises ne purent aboutir à une entente, et, quand les hostilités commencèrent entre Paris et Versailles, Edouard Lockroy fut un des trois représentants de Paris qui ne voulurent pas combattre contre la ville qui les avait élus. Il donna sa démission avec Floquet et Clémenceau.

Le lendemain, comme il se trouvait en simple curieux près de la redoute des Hautes-Bruyères, il fut arrêté et conduit à Versailles, le pistolet sur les tempes.

Là, il apprend que sa démission n'a pas été remise encore entre les mains du président de l'Assemblée. Il était donc encore député inviolable... et violé !

Aussi, le ministère lui fit-il immédiatement offrir de rentrer à l'Assemblée et d'y reprendre son siége, s'il voulait être bien sage.

Il ne répondit que par un nouvel envoi de sa démission.

L'inflexible député fut alors mis au secret le plus absolu, pendant quatre mois. — Pour quel motif ? — En représailles, sans doute, des crimes de la Commune, comme le dit Victor Hugo. Mais on avouera que c'était un vague chef d'accusation : si vague, qu'au bout de ces quatre mois de secret, sans instruction, sans jugement, Edouard Lockroy fut purement et simplement remis en liberté.

Bienheureux, en somme, M. Edouard Lockroy! quatre mois de prison pour avoir son nom dans un vers de Hugo, ce n'est pas encore trop cher, et j'en connais qui feraient marché à ce prix.

***

Lorsque, dans *la Libération du territoire*, Victor Hugo écrivait ce vers :

Je ne montrerais pas mon armée aux passants,

c'est aux revues commandées en l'honneur du shah qu'il faisait allusion. Il était indigné de la réception superbe que la République française faisait à ce sauvage.

Un attaché de l'ambassade grecque à Londres venait, en effet, de me raconter un trait assez caractéristique déjà sur cet homme, nourri au fond des sérails d'Orient.

En Angleterre, au dîner officiel que lui donna le prince de Galles, le shah remarqua le duc de S..., un des plus riches lords anglais, et, le désignant au prince, il lui dit :

— Vous allez lui faire couper la tête?

— Pourquoi donc? répondit le prince étonné.

—Mais, pour lui prendre son argent, reprit le barbare de l'air le plus naturel du monde. — Et le prince de Galles put à grand'peine faire comprendre à son hôte que l'aimable coutume de couper la tête aux gens dont on convoite la fortune n'est plus de mise en Europe.

Victor Hugo nous raconta bien d'autres histoires.

*
* *

Quand le shah monta sur le trône, à la mort de son père, il avait un tout jeune frère. Pour ne redouter plus tard ni complots ni rivalité, il résolut de se débarrasser de cet enfant, et donna tout simplement l'ordre de le faire assassiner.

Dans le palais vivait, auprès des jeunes princes, un vieux précepteur qui les avait élevés. Le cœur du vieillard s'attendrit sur le sort qui menaçait son plus jeune élève; il l'aimait tendrement, et résolut de le sauver. Il alla trouver le shah et lui dit :—Maître, je me charge de te débarrasser de ton frère.

— Fais, dit le shah.

Le précepteur sort, cherche l'enfant qui jouait dans les jardins, l'appelle, le couvre de caresses, pleure même sur sa tête; puis, d'un coup rapide, il lui enfonce ses pouces dans les yeux, et les fait jaillir hors des orbites...

Cette horrible exécution accomplie, il revient vers le shah et lui dit :

— Maître, tu es délivré; jamais l'enfant ne pourra régner, car la loi dit qu'il faut un voyant pour conduire les autres. Il est aveugle.

C'est ainsi que le shah inaugura son règne.

*
* *

Un peintre français, de grande valeur, M. Jean Laurens, qui a vécu plus de dix ans en Perse, a vu de près les mœurs sauvages de ce pays.

Il a vu enterrer vivante une femme adultère. La malheureuse, garrottée, fut jetée dans un trou peu profond, puis recouverte de terre. Pendant quelques minutes des convulsions horribles secouèrent le sol. Puis, la foule vint piétiner sur la fosse.

*
* *

Après la prise d'une ville ennemie, le shah faisait son entrée triomphale ; et, comme d'autres se font présenter les clefs de la ville, il se fit apporter, sur des plateaux, *trente livres pesant d'yeux* arrachés aux principaux habitants.

Une autre fois, des malheureux avaient conspiré contre cet aimable maître. Il les fit saisir, traîner sur la place publique ; là, on leur arracha toutes les dents ; puis, à coups de marteau, le bourreau les leur enfonça dans le crâne, en dessinant avec ces clous horribles le nom du shah, le seigneur tout-puissant.

Voilà l'histoire, hideuse dans sa nudité, de l'homme à qui la République française et les souverains d'Europe ont donné l'hospitalité.

CHAPITRE XIX

La peine de mort. — Bazaine. — Pour un soldat. — Le châtiment moral. — Au Champ-de-Mars. — L'exemple.

Toute sa vie, Victor Hugo a protesté contre la peine de mort. Dans ses romans, dans ses discours, dans ses lettres, en France, en Angleterre, partout et toujours, il a combattu la loi de sang, il a élevé sa grande voix contre le gibet ou l'échafaud.

Parfois, ses hôtes discutent avec le Maître cette grave question. Elle fut un soir agitée à propos de Bazaine, dont la peine avait été commuée en détention perpétuelle.

Quelques hommes politiques, même des plus doux, blâmaient hautement cette grâce, et disaient : « Si on admet que la société ait le droit de tuer, si la peine capitale reste inscrite dans le Code, nul criminel n'est plus coupable que celui qui trahit son pays, livre la plus forte ville, et vend la dernière armée de la France. Nul criminel, plus que Bazaine, n'a mérité la mort. »

Avec quelle éloquence cette idée même venait d'être exprimée par Victor Hugo dans son plaidoyer : *Pour un soldat.* Le Maître en avait justement fait le plus puissant de ses arguments, mais avec un dessein contraire — pour sauver le soldat. — Qui ne se souvient, en effet, de ce parallèle saisissant ? Quoi, un maréchal de France qui a trahi, frappé sa mère, la Patrie, a reçu sa grâce, et un malheureux soldat pour avoir, dans un accès de colère, frappé son caporal, serait condamné à mort !

On sait que le soldat fut sauvé.

*
* *

Ce soir-là, donc, plusieurs voix s'élevaient autour de Victor Hugo pour condamner le traître. Mais le poëte disait : « Non! pas même lui ! »

Et, mettant en pratique ses idées de châtiment moral et d'exemple, il ajoutait :

— Non ! je n'aurais pas pour lui chargé les chassepots; mais, si j'avais été le président du conseil de guerre, voici ce que j'aurais fait :

J'aurais convoqué au Champ-de-Mars l'Assemblée nationale, toutes les troupes de Paris, tout le peuple; et là, devant cette foule, devant cette armée, devant les représentants de la nation, j'aurais fait amener Bazaine, revêtu de tous ses insignes de maréchal de France. Puis, le président de l'Assemblée aurait donné lecture du jugement qui déclare Bazaine traître à la patrie, et le condamne à la dégradation.

Alors, le plus ancien sous-officier lui aurait arraché ses croix, brisé son épée, foulé aux pieds ses épaulettes, et, la cérémonie achevée, on aurait dit au dégradé : « Et maintenant, monsieur Bazaine, allez ! vous êtes libre ! »

Où se serait-il caché cet homme flétri? Quel pays aurait accueilli ce traître ? Quelle leçon cette dégradation aurait été pour l'armée et pour le peuple, qui voit trop souvent la justice frapper en bas, et épargner en haut.

Au lieu d'un exemple nous avons eu une comédie ! Qui n'a souri de cette condamnation, commuée en une captivité bénigne, compliquée d'une évasion grotesque?

C'est précisément le châtiment moral, le vrai et l'unique, qu'on a épargné à ce traître.

A cette grandiose conception du châtiment moral et exemplaire, l'un des assistants répliqua :

— Victor Hugo juge trop noblement ces misérables, et il leur suppose les mêmes sentiments de loyauté et d'honneur que nous avons tous, et dont nous vivons. Pour nous, certes, cette cérémonie de la dégradation publique serait un supplice plus affreux que la mort. Mais que peut un châtiment moral sur des hommes qui ont perdu le sens moral? Pour de tels coupables c'est le châtiment corporel qu'il faut. Et M. Bazaine, heureux de s'être évadé, porte bien légèrement sans doute, la honte dont il s'est couvert; et le nom de traître, dont on le poursuit, ne trouble ni sa digestion, ni son sommeil.

*
* *

Victor Hugo ne fut pas convaincu; nous, non plus que lui : car en supposant même que le coupable, sans pudeur, cuirassé contre toutes les hontes, fût resté insensible à la dégradation publique, l'impression de cette cérémonie n'eût pas été pour cela amoindrie dans l'âme des spectateurs; or, ce qu'il faut demander au châtiment, c'est bien plus l'exemple que la souffrance effec-

tive du coupable. Et cette exécution toute morale,
avec quelque indifférence que l'ait subie le traî-
tre, eût gardé dans l'histoire une sévère gran-
deur.

CHAPITRE XX

La patrie. — Paris capitale du monde. — L'école de Paris.
— L'union des races latines. — Les Etats-Unis d'Europe.
— Toast aux trois Républiques. — La démocratie en Alle-
magne. — L'avenir.

La Patrie est l'incessante préoccupation du
poëte ; c'est à la faire grande qu'il travaille, c'est
à la voir triomphante et libre que tendent ses
vœux. En lui jamais l'ardeur patriotique ne s'est
éteinte, parce qu'il n'a jamais désespéré, et les
désillusions qui souvent désenchantent le soir de
la vie, ne l'ont jamais atteint.

Cent fois j'ai entendu le Maître prononcer de
nobles paroles qui souffleraient la confiance au
cœur des plus timides, l'espoir au plus déses-
péré.

Ecoutez Victor Hugo parler de Paris :

— « Paris, quoique vaincu, est toujours à la tête de la civilisation.

Quelle admirable ville ! Quel héroïsme a montré tout son peuple pendant le siége ! On avait froid, on avait faim, et nul ne voulait se rendre. Dans les rues, les femmes, les filles me criaient : « On ne se rendra pas, n'est-ce pas, citoyen Victor Hugo ? » — Non, répondais-je, non ! Soyez tranquilles ! Aussi quelle stupeur, quelle indignation, quelle douleur, quand on se vit face à face avec cette réalité monstrueuse : La capitulation.

Mais, je le répète, Paris, c'est-à-dire la civilisation, ne peut périr !

Regardez l'Europe ; sur qui a-t-elle les yeux ? Sur la France.

Ouvrez les journaux de n'importe quel pays. Que voit-on ? En tête, le premier article : *France, Paris.*

Quand Paris est investi, le monde se sent aveuglé ; quand Paris est malade, le monde a mal à la tête !

Et voilà au contraire Berlin, la ville victorieuse :

qui parle de Berlin? qui s'inquiète de ce qu'on fait à Berlin? quelle place Berlin occupe-t-elle dans la civilisation? Une place moindre que nos villes de quatrième ordre.

Et que lit-on à Berlin? Nos livres !

Que joue-t-on à Berlin? Nos pièces !

Vous voyez bien que Paris, c'est-à-dire la civilisation, la lumière, Paris est impérissable ! »

*
* *

Et tous, politiques ou écrivains, nous étions vivifiés par ce souffle patriotique, réchauffés par cette ardente voix qui nous disait de croire et d'espérer.

Ceux-là seuls, qui ont entendu le fier patriote affirmer la grandeur de la Patrie vaincue ; ceux-là seuls, qui l'on vu s'agenouiller devant la France blessée, peuvent comprendre l'enthousiasme que le Maître inspire, et la foi ardente qu'il sait faire passer dans les cœurs.

Non ! le pays qui garde un tel poëte pour le

consoler dans ses épreuves, pour le soutenir dans ses revers, ce pays ne peut périr. Le peuple qui sent sur lui passer en frissonnant le souffle de cette grande âme, se redressera plus vivant et plus fort.

Le flambeau de la France n'a subi qu'une éclipse d'une heure, et demain son rayonnement éclairera le monde.

*
* *

Dans chaque page de l'œuvre de Victor Hugo, on sent le noble amour qu'il a pour Paris. C'est que Paris, ne nous lassons pas de le redire, Paris c'est le progrès, c'est le volcan des idées toujours en travail, Paris c'est l'avenir.

Et un soir, comme on parlait des cléricaux, Victor Hugo disait : « Je voudrais, pour répondre à leurs facultés catholiques, pouvoir créer pour tout le peuple une grande école qui serait : *l'École de Paris*. Là, l'esprit moderne aurait la parole. Point de censure officielle ! Louis Blanc y viendrait faire de l'histoire ; Quinet, s'il vivait, y enseignerait la philosophie. Tout ce qu'il y a de nobles esprits en France, apporterait sa lumière. Moi-même, je pourrais ne pas être inutile... Ce serait l'*École de Paris* contre l'*École de Rome !* »

*\
* *

Que faudrait-il pour que ce superbe projet fût réalisé? La liberté. Et par les deux conférences que Louis Blanc et Victor Hugo ont faites au théâtre du Château-d'Eau, nous avons pu voir quel effet produiraient sur le peuple ces grandes voix.

*\
* *

Un soir de 1876, Victor Hugo affirmait la régénération de la France, et parlait de l'avenir, et il prédit, pour une heure peut-être prochaine, l'union des trois Républiques, espagnole, italienne et française. Cette alliance des trois nations latines sera l'acheminement vers la grande fédération européenne, qu'il annonçait, le premier, il y a trente ans bientôt.

Les États-Unis d'Europe, quel beau rêve ! Et quoi de plus simple en somme que cette fédération des peuples.

Il y a cinquante ans, Victor Hugo avait raison en littérature, contre toute son époque ; dans cinquante ans, plus tôt peut-être, les événements lui auront donné raison aussi en politique.

« Je ne verrai pas la République européenne ; mais vous la verrez, vous jeunes gens, nous disait-il ; et il n'y a pas longtemps, un soir que j'avais Castelar et Gambetta, l'un à ma droite, l'autre à ma gauche, j'ai porté ce toast : « Aux trois Républiques, et à leurs trois représentants : Garibaldi, Castelar, Gambetta ! »

*
* *

Le Maître nous disait encore : « J'ai reçu il y a quelque temps des lettres d'Allemagne : la démocratie y est redoutable ; il y a dans ce peuple quelque chose du Vandale ; et si jamais il s'y produit une explosion populaire, on verra dans ce pays une jacquerie cent fois plus terrible que la nôtre.

Mais il peut se faire aussi que l'émancipation de ce peuple s'accomplisse sans secousse ; et que les trois nations latines en liberté délivrent à leur tour les autres.

A Bordeaux, j'ai adressé ces mots aux Allemands : « Vous nous avez délivré de notre empereur, nous vous délivrerons du vôtre... »

Qui sait ? Ce sera peut-être vrai !

*
* *

Ah ! l'on sort grandi et plein d'espoir de ces hautes conversations. On emporte, comme un fortifiant viatique, ces fières paroles dites d'une voix émue et vibrante, avec un accent pénétré et profond. Quel souvenir impérissable laissent ces heures passées à écouter le plus grand génie des temps modernes parlant de la Patrie, de l'avenir; nous affermissant par sa foi, et nous rassurant par les promesses d'un temps que ce magique charmeur évoque et fait réel à nos yeux !

CHAPITRE XXI

Le travail.—Moi je suis le fondeur.—Hugo pensif.—L'œuvre inachevée. — Livres inédits. — *Le Groupe des Idylles.*

Un soir de l'été 1874, je demandais au Maître à quoi il travaillait, et quelle œuvre il préparait. Le poëte me répondit :

« Je mène de front plusieurs livres à la fois, je passe du roman à la poésie, et du théâtre à l'histoire ; sauf quand je mets la dernière main à une œuvre pour la publier, mon travail suit ma fantaisie, et mes livres se font petit à petit.

Aussi ne sais-je pas ce que je publierai tout d'abord, ignorant quel livre j'aurai fini le premier.

Vous connaissez ces vers d'André Chénier :

« Moi je suis le fondeur : de mes écrits en foule
Je prépare longtemps et la forme et le moule ;
Puis, sur tous à la fois je fais couler l'airain.
Rien n'est fait aujourd'hui : tout sera fait demain. »

Ce sont des vers admirables ! et comme ils sont vrais !

Je me lève le matin, sans savoir souvent à quoi je vais travailler. Selon l'inspiration, j'écris de la prose ou des vers ; quelquefois à midi, après déjeuner, le vent a tourné, et j'achève la journée par un travail différent de celui du matin.

Ce n'est pas là une règle absolue. Ainsi pour *Quatre-vingt-Treize*, j'ai eu à Guernsey six mois de solitude et de travail suivi. »

*
* *

Le poëte aime beaucoup la promenade ; quelque temps qu'il fasse, il sort.

Dès six heures du matin, l'été, on pouvait le voir errant dans les Champs-Elysées ; sous les ombrages des Tuileries, dans le coin désert du sanglier d'Erymanthe, cueillant des vers dans la rosée.

Souvent, l'après-midi, il voyage sur l'impériale des omnibus et des tramways; il va d'un bout d'une ligne à l'autre, absorbé, sans rien voir, sans rien entendre de ce qui se passe autour de lui, vivant dans son œuvre. Avec une prodigieuse puissance d'abstraction il s'arrache à ce qui l'environne.

Il va de l'Arc-de-Triomphe à la Villette, à la Barrière-du-Trône. L'omnibus des Batignolles le conduit souvent au jardin des Plantes, et il affectionne le bois de Vincennes.

Il passe ainsi toute l'après-midi hors de chez lui, et ne rentre qu'à l'heure du dîner.

L'hiver il ne sort pas le matin, il travaille en marchant dans sa chambre, comme un grand lion dans sa cage. Il va du fond de la chambre à la fenêtre, presque toujours ouverte, malgré le froid.

*
* *

Songeant à ses œuvres futures : « J'aurais plus à faire encore que je n'ai déjà fait, me dit le Maître. On pourrait croire qu'avec l'âge l'esprit s'affaiblit, il est plus fort au contraire, et ne se repose pas. Il me semble à mesure que j'avance, que mon horizon s'élargit; aussi je m'en irai sans avoir fini mon œuvre.

Il me faudrait plusieurs vies encore pour écrire tout ce que conçoit mon esprit, je n'achèverai pas, je suis résigné. Je vois dans l'avenir encore plus que je n'ai dans mon passé. »

*
* *

Chose prodigieuse ! fécondité inouïe ! car, outre le cycle immense que nous possédons déjà, combien d'œuvres non publiées ! que de livres prêts à voir le jour !

En janvier 1876, Victor Hugo me disait : « Je pourrais faire cette chose assez étonnante : si je commençais à publier ce mois-ci mes livres achevés, en donnant un volume par mois, j'irais jusqu'en janvier prochain.

Citons parmi ces chefs-d'œuvre ignorés, des drames et des comédies : *Torquemada, les Jumeaux, la Grand'Mère, l'Épée, Peut-être frère de Gavroche*; une pièce féerique où les fleurs et les arbres parlent : *la Forêt mouillée*; puis, des vers : *Les quatre vents de l'esprit, Toute la Lyre, les Colères justes; les Années funestes* qui relieront *les Châtiments* à *l'Année terrible*; un poëme : *le Pape*; même un livre philosophique : *Essai d'explication*, sur les effets de la forme sphérique, à laquelle Victor Hugo rattache de bien étranges conséquences.

Et depuis le moment où le poëte me parlait ainsi, il nous a donné ses *Discours;* deux volumes de *la Légende des siècles; l'Art d'être grand-père, l'Histoire d'un Crime* et *le Pape.*

Quelle œuvre immense et grandiose, et quelle éternelle jeunesse !

Croira-t-on que dans *la Légende des siècles,* le

Groupe des idylles a été écrit en moins d'un mois : presque une pièce par jour ? Pour tempérer comme par un sourire la sévère grandeur de son livre, Victor Hugo voulut y mettre une note d'amour, et c'est en janvier 1877 qu'il écrivit cette série de pièces d'une délicieuse et incomparable fraîcheur.

CHAPITRE XXII

Une lecture de *la Légende des siècles*. — Les manuscrits. —
L'Art d'être grand-père.

Le dîner finissait, dîner plein de cordialité et
d'abandon. Deux dames et trois poëtes étaient
assis autour de la table du grand Maître, *du Père*,
comme nous l'avions appelé.

Il avait bien voulu nous promettre une lecture,
et nous attendions avec impatience le moment
fortuné.

Le Maître disparaît un instant et revient por-
tant un vrai fardeau de larges feuilles de papier
de Hollande, couvertes de cette haute, forte et
puissante écriture que l'on connaît. De gros traits
raturent les vers condamnés à la nuit, à l'éter-

nelle nuit, — tandis qu'à côté d'eux flamboient les hémistiches que la toute-puissance du poëte a doués de la vie inextinguible.

La deuxième partie de *la Légende* est là sous mes yeux ! manuscrits vénérables, feuilles sacrées où dorment encore dans le silence ces vers qui bientôt sonneront sur le monde comme des clairons. Cette page noircie, que je touche avec respect, fera pleurer, fera sourire, frappera d'étonnement les générations des siècles les plus lointains.

Nous retenons notre souffle, la lecture commence. La voix énergique, saccadée, s'élevant par degrés jusqu'à un diapason éclatant et sonore, dit Gaïfer-Jorge commandant la marche d'Aquitaine.

Quelle puissance dans l'accent du poëte ! Comme ses vers, coulés en bronze ou forgés en acier, vibrent dans sa bouche !

Nous étions encore sous l'impression de ces vers retentissants et de ces idées grandioses...

Et nous disions : « Encore ! encore ! » comme des enfants insatiables.

Et le poëte prit, parmi les feuilles éparses, un dialogue entre Attila et l'empereur Majorien. Quel souffle d'épopée dans les paroles du *héros monstre !*

Cette lecture eût suffi à l'ambition de mille autres... Nous abusâmes du Maître. Et dans sa bonté paternelle il nous lut encore *Désintéressement*, cette conversation sublime entre les pics immenses, couchés comme des dogues au pied du Mont-Blanc.

*
* *

Une autre fois le poëte voulut bien nous lire une pièce de *l'Art d'être grand-père*, fraîche éclose du matin, et qui commence par ce vers :

« Tout pardonner c'est trop ! Tout donner c'est beaucoup ! »

Une autre fois encore : *la Ville engloutie*, de *la Légende des siècles*.

Et je me disais : « Après tant de créations,

Victor Hugo crée encore, crée toujours ! Son génie semble se renouveler à chaque œuvre nouvelle ! Et ces vers superbes ! ces vers touchants ! ces vers immortels ! nous sommes les premiers du monde qui les ayons entendus ! »

Et pour ma part, j'en étais presque aussi fier que si je les avais écrits !

CHAPITRE XXIII

Fleurs de critiques. — *Notre-Dame de Paris*. — *Rolle* et *Marion Delorme*. — Destigny. — *L'Enfer !* — *Le Code de la politesse*. — Barbey d'Aurevilly. — Le Massacre de Saint-Barthélemy. — M. Cambolas. — Un distique de Victor Hugo.

Il n'est pas un homme qui ait été plus critiqué, plus insulté que Victor Hugo. C'est le destin !., Il n'est pas un chef-d'œuvre qui n'ait été conspué et nié. Nul génie n'a pu se soustraire aux attaques de la bêtise humaine ! Le dernier pygmée venu dit son fait aux grands hommes ! Mais c'est des insultes des niais qu'est faite la gloire.

Parmi le fatras des critiques ridicules ou grossières, je me suis contenté de cueillir, çà et là, quelques fleurs variées. Il est inutile de grossir outre mesure un volume avec des inepties, quand elles ne sont pas très-comiques.

Je ne rappellerai que pour mémoire le critique
souverain d'un grand journal qui « tomba »
Notre-Dame de Paris à son apparition, en disant :
« Ce roman n'est qu'une plate copie de *la Mérope*
de Voltaire. C'est une mère qui retrouve sa fille.
Donc, du côté de l'invention, néant ! »

Il y aurait un intérêt littéraire à remettre sous
les yeux de notre génération les critiques qui
accueillirent *Hernani ;* mais il faudrait un livre
spécial pour cela.

*
* *

Voici comment, dans *le National* du 15 août
1831, le critique Rolle jugeait *Marion Delorme,*
qu'on venait de représenter à la Porte-Saint-
Martin :

« Allons ! c'est fini ; le public a cru un instant
à vos affiches : n'y a-t-il pas un public qui croit à
la pommade pour faire croître les cheveux ? Mais
quand il a vu comment vous traitez l'histoire, et
qu'au lieu du cœur de l'homme vous montrez son

haut-de-chausses ou son pourpoint ; quand il a vu que votre nature, à vous, que votre vérité n'étaient que de puériles naïvetés, entortillées de faux sublime, etc., etc...

« Quand il a bien vu tout cela, le public s'est dit : quelqu'un est dupe, du poëte ou de moi ? Et le public a deviné un beau jour que la véritable dupe n'était pas le poëte. »

*
* *

Un poëte, nommé Destigny, écrivait le 22 septembre 1838, dans des satires répandues à profusion, ces jugements dont la postérité tiendra compte,.. soyez-en sûr, ô Destigny !

Victor au drame intime ouvrit une autre voie.
Cet Homère assidu de la fille de joie
Façonna de grands mots, aligna de grands vers,
Tantôt les planta droits, et tantôt de travers,
Et fit des pieds, des mains, tant et si bien qu'en somme
On exalta les cris de sa poitrine d'homme.

— Sa littérature de *forcené,* dit le poëte Desti-

14

gny, a créé toute une génération de forcenés

> Qui sont fous sans remède.
> Leurs actes désormais tiennent de l'*Hernani*,
> Du meurtrier *Frollo*, du jaloux Antony.

Et quand il a dépeint, — avec quel esprit ! — ceux qu'on appelait *les romantiques*, et qu'il les a montrés ridicules et frénétiques

> « Comme un troupeau de fous sortis de Charenton ; »

quand il les a jugés capables de toutes les énormités et de tous les crimes, il s'écrie avec une vertueuse indignation :

> Voilà les fruits certains du drame moyen âge.
> Vous qui prêchez le crime et le concubinage,
> L'humanité vous somme aujourd'hui par ma voix
> De ne plus exhumer les horreurs d'autrefois.
> Laissez vos *Borgia* dans leur sale poussière !
> . . . .
> Car vous l'avez compris, dramaturges infâmes,
> C'est vous qui dépravez la jeunesse et les femmes !

Destigny, s'étant ainsi indigné, ne trouve rien de mieux, pour finir, que de condamner toute la littérature et tous les littérateurs romantiques, Victor Hugo en tête... A quoi, demanderez-vous ?

« . . . . . Au tourment de bitume et de flammes
Où nos prédicateurs précipitent les âmes. »

Le bitume et les flammes de cette périphrase
me font froid dans le dos ! !

*
* *

Un membre de l'Université écrivait en 1842 :
« Victor Hugo a fait *amulette* féminin dans *Notre-Dame de Paris*. Il est vrai que son sentiment en
fait de langue ne peut être d'aucune considération comme autorité. »

En revanche, le professeur étonnant qui trouve
que Victor Hugo n'a aucune autorité, sait apprécier un autre écrivain. — Devinez lequel?...

Il apprécie, il loue l'auteur du *Code civil de la
politesse française*, en disant : « Cet auteur fait
un grand usage d'épithètes dont la justesse esthétique rend son style fort gracieux. Exemple :
« A table, chez les grands parents, il faut symétriser son appétit sur la marche de leurs mâchoires
septuagénaires ou factices ; un mangeur volubile
fait un reproche tacite à son caduc amphytrion. »

Si la prose de Victor Hugo lui plaisait moins
que celle du *Code de politesse*, comment jugeait-il
les vers du poëte ? — Ecoutez. — Le professeur
de l'Université, du haut de sa chaise curule, fai-
sait un dithyrambe en l'honneur de Panard et de
Vadé, et, après avoir trouvé *exquis* leurs vers
à échos, il ajoutait : « Victor Hugo a fait une
ballade assez longue dont chaque vers de huit
syllabes est suivi d'un vers monosyllabique. Mal-
heureusement, on ne peut facilement lire ni
comprendre cette ballade péniblement faite. »

*
* *

Victor Hugo avait publié *les Chansons des rues
et des bois.*

Un jour, à Guernsey, Kesler lui apporta un
journal en lui disant : « Je sais que vous vous
souciez peu de ce qu'on écrit contre vous ; mais
je tiens à vous lire une phrase, une seule, de cet
article.

— Voyons, dit Victor Hugo, j'écoute.

Et Kesler lut :

« M. Hugo, cassé par la débauche, n'ayant plus

un cheveu sur la tête, ni une dent dans la bouche,
vient de publier un livre obscène.

« Signé : BARBEY D'AUREVILLY. »

Hugo partit d'un éclat de rire sonore.

— Je vous le disais bien, reprit Kesler, que ça
vous amuserait.

*
* *

Quatre-vingt-treize venait de paraître. Au vu
du titre d'un chapitre, *le Massacre de Saint-
Barthélemy*, sans savoir de quoi il était question,
et sans prendre garde qu'il n'y avait pas *la* Saint-
Barthélemy, *la Gazette du Midi* s'indigne et
lance un article foudroyant contre le poëte. « Le
voilà bien le démagogue ! A propos de 93 il
fallait reprendre la vieille rengaîne de la Saint-
Barthélemy ! Il fallait comparer les massacres de
93 à 1572 !... etc., etc. »

Or, on le sait, le massacre de Saint-Barthélemy
est une des pages les plus charmantes et les plus
calmes du grand roman, et l'on n'y verse pas une
goutte de sang.

Saint-Barthélemy est le nom d'un vieil in-folio unique, plein d'images, que les trois petits enfants enfermés dans la Tourgue déchirent en jouant, et dont ils se partagent les débris.

— Voilà, disait Victor Hugo en riant, comment mes ennemis critiquent mes livres : sans les lire !

*
* *

Je pourrais allonger à plaisir ce chapitre, j'ai récolté bien d'autres fleurs encore... je me bornerai à citer la dernière cueillie.

En février 1878, l'académie des Jeux floraux recevait dans son sein un certain M. Cambolas ! qui, oubliant peut-être que Victor Hugo avait *autrefois* été l'honneur de l'académie toulousaine, n'a rien trouvé de mieux que de faire son procès au grand poëte et à toute la littérature contemporaine.

Et voulez-vous connaître une des critiques de M. Cambolas ? Il s'écrie : « Le génie de Victor Hugo ne peut s'astreindre au terre-à-terre ! l'idéal l'emporte malgré lui ! »

Peuh ! ce Victor Hugo ! Voyez-vous ce poëte, qui ne peut s'astreindre à ramper ! l'idéal l'emporte ! Parlez-moi de Cambolas, il consent à être terre-à-terre, lui ! Et je voudrais bien connaître quelques-uns de ses vers ! Je suis sûr, d'après sa théorie esthétique, qu'on pourrait dire :

Lorsque Cambolas vole, on sent qu'il a des pattes !

Si M. Cambolas toise et juge Victor Hugo, c'est qu'il a plus d'audace que Théophile Gautier.

Un jour le poëte des *Emaux et Camées* venait de recevoir un nouveau livre de Victor Hugo :

— Avez-vous lu ce livre, demandait-il à un jeune homme de ses amis?

— Non, pas encore.

— Ah ! il est de la plus haute *Cocassité !*

Dans la bouche de Gautier, ce mot exprimait un profond étonnement artistique devant l'œuvre nouvelle, mais un étonnement d'admiration !

Et le jeune homme comprenant mal : « Qu'y a-t-il donc, lui demanda-t-il? Avez-vous trouvé de mauvais vers? »

Et Gautier, prenant un air grave, lui répondit : « Si j'avais le malheur de croire qu'un vers de

Hugo fût mauvais, je n'oserais pas me l'avouer à moi-même... tout seul... dans la cave... sans chandelle ! »

*\
* *

Oui, la bêtise, la sottise et la haine se sont unies pour produire les plus stupides critiques et les plus ridicules calomnies. Henri Heine a bien dit que Victor Hugo était bossu, et qu'il ne dissimulait sa bosse que par un perpétuel effort et grâce à l'art de son tailleur.

Sous l'Empire, les feuilles vendues imprimèrent que Victor Hugo était un ivrogne qu'on ramassait sous la table. Jadis on l'a appelé fou ! De nos jours, pour avoir prêché la concorde, l'amour et le pardon, il a été traité d'assassin. Le Maître en sourit, et, pour répondre en bloc à toutes ces injures, il a écrit au bas de son portrait ce distique :

> « Voici les quatre aspects de cet homme féroce :
> Folie, assassinat, ivrognerie et bosse ! »

CHAPITRE XXIV

Menus propos. — Le crayon de Baudin. — A une comtesse. — Un mot de Talleyrand. — Le premier discours à la Chambre des pairs. — Le Jumart. — Un mot du pape. — Un voleur. — Une lettre de jeunes filles russes. — Demandes d'autographes. — Deux vers de Victor Hugo. — Une grand'-mère. — Le rossignol et les chouettes.

Que de traits étincelants, que de récits précieux on recueillerait si l'on pouvait écrire la conversation du poëte... C'est pour moi un perpétuel regret de songer que tant de choses amusantes ou superbes, spirituelles ou profondes, sont perdues !

Que d'historiettes !

Que de souvenirs !

J'en prends une poignée au hasard « en la gibecière de ma mémoire » :

*
* *

Au 2 décembre 1851, au moment où les représentants, réunis en comité de résistance, se distribuaient leurs missions, et allaient se porter dans les divers quartiers de Paris, Victor Hugo, ayant à écrire une proclamation, emprunta son crayon à Baudin. La réunion se disperse ; Victor Hugo met le crayon dans sa poche. Le lendemain, Baudin se faisait tuer à la barricade Sainte-Marguerite, et Victor Hugo a précieusement conservé, comme une relique de l'héroïque représentant, ce vulgaire crayon de deux sous. Le poëte me l'a montré soigneusement enveloppé, et il n'y touche qu'avec respect.

*
* *

Le poëte demeurait place Royale. Un jour, il accompagnait une dame. — Rue du Temple, surpris par une averse, ils se jettent sous une porte cochère.

Passe, dans sa voiture armoriée, une comtesse laide et sur le retour, qui ébauche un sourire de méprisante pitié en voyant, sous la pluie, le poëte et la dame qu'il avait à son bras. Ce sourire n'échappa point à Victor Hugo, et comme la rue était encombrée, la voiture de la comtesse fut forcée de s'arrêter une seconde, juste assez pour que celle-ci pût recevoir, en plein visage, cette vengeresse improvisation :

> Si le ciel était juste, ô comtesse pimbêche,
> Vous seriez dans la boue, et nous dans la calèche.

*
* *

Victor Hugo, prenant du sucre avec les pinces, rappelait ce mot de Talleyrand sur cette innovation de l'étiquette moderne : « De mon temps, on se lavait les doigts. »

*
* *

Le poëte racontait comment et à quelle occasion il avait pris la parole pour la première fois à la Chambre des pairs. « On discutait les marques de fabrique. Je pensais à tout autre chose. M. Daru vient s'asseoir derrière moi, et me dit : « Nos amis ont pensé que vous prendriez la parole en cette occasion; vous ne devez pas être hostile à cette idée, au contraire : il s'agit de défendre les droits de l'artiste, la propriété de l'œuvre, la signature, la *marque*, en un mot. » Là-dessus il m'encourage, je me recueille un peu, et j'ai parlé. C'était le 18 février 1846 que je montai pour la première fois à la tribune. »

*
* *

Un autre souvenir de la Chambre des pairs :

« J'avais à côté de moi, dit le poëte, le vicomte de Pontécoulant, qui avait voté la mort de Louis XVI; devant moi, le maréchal Soult, maréchal avant ma naissance, et notre président était le duc Pasquier, qui, jeune conseiller, avait jugé Beaumarchais. »

*
* *

Nous étions entre hommes, dans un coin du salon. Un de nos confrères, — à propos de quoi, mon Dieu! — parlait du *jumart,* métis du bœuf et de l'ânesse; il disait : « De loin c'est un bœuf, et de près c'est un âne. » Victor Hugo passe près de notre groupe, entend cette phrase, et s'écrie plaisamment : « A la fois bœuf et âne! vous parlez là d'un académicien! J'avais jadis pour collègue à l'Académie M. X..., un âne! Eh bien! sa femme qui était charmante, en avait fait un bœuf. »

*
* *

Un des neveux de Victor Hugo était camérier du pape Pie IX. Un jour le pape dit au petit monsignor : — Quel âge a votre oncle, mon enfant?

— Très-Saint Père, il a cinquante-trois ans!

— Alors il est incurable, reprit le pape! Et il s'en alla pensif.

*
* *

Une bougie versait à flots la cire sur la table.
A ce propos, Victor Hugo raconta ce souvenir :

Un soir, je causais avec Louis-Philippe. Tout à
coup il se lève, en disant : « Un voleur ! » Je me
retourne vivement ; et le roi riant de ma surprise,
va à une bougie qui fondait comme celle-ci, et
l'éteint ; puis, me montrant la mèche fumeuse, sur
les stalactites de cire : « Comment, vous, acadé-
micien, vous ne saviez pas que cela s'appelle un
voleur ? »

*
* *

On parlait de M. C..., charmant homme, mais
médiocre poète, et dont les vers ne sont qu'in-
versions.

Il écrirait, par exemple, un vers comme ce-
lui-ci, dit Victor Hugo :

> Et passez, de chemin, votre petit bonhomme.

*
* *

J'ai dit combien de lettres de tout genre reçoit
le poëte. Ce ne sont pas toujours les demandes
d'argent qui sont les plus bizarres.

Deux jeunes filles russes lui ont écrit pour le
prier de changer de nombreux passages de *Notre-
Dame de Paris*, trop difficiles à traduire en russe.
Et ces traductrices indiquaient au Maître des pages
entières à modifier...

*
* *

Les lettres lui apportent quelquefois des inju-
res... et des menaces. Ainsi, en septembre 1877,
Victor Hugo lut des lettres anonymes qui disaient
en substance ceci :

« — Cette fois, tu ne nous échapperas pas!
Nous ne ferons pas la bêtise de te laisser sortir
de Paris pour t'en aller poser en exil ! Nous te fe-
rons ton affaire, gredin ! »

*
* *

Il reçoit bien des demandes importunes. Quelques-unes sont à peine polies!

Un Américain lui a envoyé ce billet laconique :

> Sir,
> Je vous prie de m'envoyer votre autographe.
>
> Z...

*
* *

Un indiscret lui avait demandé, avec une insistance sans retenue, d'écrire quelques vers sur son album. Victor Hugo eut la bonté d'ouvrir l'album. Il était plein des propres œuvres de ce monsieur. Alors le Maître écrivit ce facétieux distique sur la première page de l'album dont le propriétaire s'appelait Guyot-Berger :

> Il aurait volontiers écrit sur son chapum,
> C'est moi qui suis Guyot-Berger de cet album.

Il fallait que le Maître eût été bien choqué par l'importunité de l'indiscret pour écrire cette plaisanterie, lui qui est la bonté et l'indulgence même.

J'ignore si la parodie a été du goût de M. Guyot-Berger.

*
* *

Un jour le Maître reçut la lettre d'une grand'mère qui lui envoyait des vers de son petit-fils, âgé de dix-huit ans. Ces vers lui avaient paru bien beaux et bien touchants à la bonne vieille femme, elle en faisait hommage à Victor Hugo et lui demandait son avis.

Et le poëte nous disait : « Je vais faire malgré moi bien de la peine à cette digne femme, en ne lui répondant pas. Mais les vers de son petit-fils sont tout simplement des vers de moi, qu'il a pris dans *les Contemplations*. Je ne peux pourtant pas lui écrire, ajoutait Victor Hugo, que je trouve mes vers beaux : Je ne puis pas encourager le plagiat, et je ne veux pas dire non plus à cette grand'mère : Votre petit-fils a menti. »

*
* *

Une dame qui avait une voix admirable et qui était très-belle, avait été présentée dans le salon de deux vieilles filles désagréables, chez qui Victor Hugo venait quelquefois.

Sous prétexte que leur visiteuse était aussi charmante que belle, ces vilaines femmes lui faisaient un accueil glacial. — Elle le sentit et ne revint plus.

Victor Hugo lui adressa ce quatrain :

> Un rossignol rendait visite à des chouettes,
> Si souvent, qu'à la fin, — notez ceci poëtes, —
> Ces monstres s'écriaient : « le vilain animal,
> Comme il est ennuyeux et comme il chante mal ! »

CHAPITRE XXV

Les escroqueries. — Demandes d'argent. — Un grand d'Espagne dans la dèche. — Un nom illustre chez Vacquerie. — Le lieutenant qui a mangé la grenouille. — L'artilleur et le pantalon.

Parmi les innombrables lettres que reçoit Victor Hugo, il y a une foule de demandes d'argent. Ce ne sont pas seulement des appels à la charité du poëte, ce sont aussi des propositions industrielles ou financières; l'un rêve la création d'une route, l'autre la fondation d'une compagnie commerciale, un troisième le dessèchement d'un marais, et c'est par vingt, trente, cinquante, cent mille francs, et plus, qu'il faut chiffrer les demandes.

Souvent même ces sommes sont réclamées à titre de don — purement gratuit.

Une fois, un paquet de trente-quatre lettres reçues en deux jours contenait un total de demandes d'argent s'élevant à deux cent quarante mille francs.

Pour sa part, un notaire seul demandait cent mille francs. Il s'était ruiné en des spéculations malheureuses; il suppliait le poëte de sauver sa famille du déshonneur et de la ruine. Avouez que cela devient de la folie !

***

Un soir, le 14 septembre 1877, j'ai été témoin de ce fait :

Vers la fin du dîner, un nommé G... M... fait passer sa carte et insiste pour voir Victor Hugo, qui a la bonté de le recevoir. Ce personnage, absolument inconnu, venait simplement dire au Maître qu'il avait perdu dix-neuf mille francs dans le Jardin d'acclimatation, et il priait Victor Hugo de lui prêter cette somme pour quelques mois.

Victor Hugo lui répondit : « Je n'ai pas comme ça dix-neuf mille francs sous la main, et quand je les aurais, je ne vous les prêterais pas ainsi ».

Il eut toutes les peines du monde à se débarrasser de cet homme qui, sans nul doute, en sortant de chez le poëte, n'aura pas manqué de dire « Les voilà ces démocrates ! ces amis du peuple ! » Et il aura traité le poëte d'*avare*.

*
* *

Beaucoup de ces demandes d'argent ne diffèrent en rien de la plus vulgaire escroquerie. Mais voici un trait qui mérite d'être rapporté :

Un soir, le domestique apporte une carte à Victor Hugo. Un comte espagnol, blasonné, titré, demandait audience ; on l'introduit. Victor Hugo voit entrer un monsieur en habit noir, au linge éclatant, la poitrine constellée de décorations, un véritable attaché d'ambassade. Victor Hugo le salue et lui demande : « Qu'y a-t-il pour votre service ? »

Alors, simplement, sans détours, sans embarras, le grand d'Espagne répond en espagnol : « Senor comte, je n'ai pas de quoi dîner ce soir, et je viens vous demander cinq francs. »

Le moyen de refuser cinq francs à un attaché d'ambassade?.. Victor Hugo, stupéfait, tire les cinq francs de sa poche et les donne au grand d'Espagne dans la débine. Celui-ci, avec l'aisance que donne l'air des cours, remercie, fait un profond salut de gentilhomme, et sort fier comme un don César de Bazan.

*
* *

Une autre fois, nous dit le poëte, j'ai été pris par un filou qui porte l'un des plus grands noms de France. Il m'a extorqué cent francs. Après quoi, il est allé voir Vacquerie au *Rappel*, et voici l'entretien qu'il eut avec lui :

— Monsieur, dit-il en entrant, vous ne me connaissez pas, mais je suis avec vous de cœur.

Je dépense toute ma fortune à des fondations po-
pulaires et démocratiques : crèches, écoles laï-
ques, etc. Ah! que vous avez fait un bel article,
ce matin. Je suis dans vos idées absolument!.. Le
but de ma visite? Ah! c'est vrai! Voici : Je reçois
ce matin un mot de mon ami De... (ici, un autre
grand nom de France). Il est malheureux, et me
dit qu'il lui faut immédiatement cinq cents francs.
Je m'habille; je cours pour les lui porter. En pas-
sant dans le jardin du Palais-Royal, je tâte ma
poche; j'ai oublié mon portefeuille. Alors, je me
suis dit : Que je suis bête! mon ami Vacquerie
est là! je vais lui demander cette somme. L'heure
presse, mon ami a absolument besoin de cet ar-
gent; je n'ai pas le temps de rentrer chez moi.
Et me voilà.

Alors Vacquerie, avec son calme imperturba-
bable, ne dit que ceci : « Ah! oui; très-bien! Je
refuse ».

L'autre, sans se déconcerter : « Eh bien! je
vous comprends », dit-il. Et il se lève, en disant
à Vacquerie : « Nous n'en sommes pas moins

bons amis. Songez à ce que je vous ai dit; mes idées, écoles laïques, fondations, liberté, démocratie » ; et il part.

Nous avons appris depuis que cet héritier, authentique du reste, d'un des plus grands noms de France, ne vit que d'expédients et d'escroqueries.

*
* *

L'un des convives raconta alors une aventure arrivée à Emile de Girardin :

Le célèbre journaliste voit un jour entrer chez lui un jeune homme d'une trentaine d'années, qui lui dit, sans autre préambule : « Voilà ; je suis lieutenant, et j'ai mangé la grenouille. Oh ! ce n'est pas bien difficile de sortir d'affaire : une balle dans la tête, et c'est fini. Mais avant de m'exécuter, je me suis dit : Ma foi ! allons voir Girardin ! je vais essayer de tout arranger; mais s'il ne veut pas me venir en aide, ce ne sera pas long ! Donc, il me faudrait quinze cents francs ! Vous ne voulez pas me les donner, n'est-ce pas ? C'est bien entendu !.. Alors... adieu ! »

Tout cela était dit du ton dégagé d'un homme qui tente un dernier effort, comme pour l'acquit de sa conscience, mais sans espoir de réussir, et bien décidé à mourir.

D'un pas délibéré, il se dirigeait vers la porte.

— Eh ! mon Dieu, attendez donc, lui dit Girardin, ne vous en allez pas si vite.

Et il lui donna les quinze cents francs.

Il n'a jamais eu de nouvelles du « mangeur de grenouille ».

*
* *

Une femme écrivait un jour à Victor Hugo :
— Si vous ne m'envoyez pas 50 francs, demain à midi je serai morte.

— Je n'en ai pas cru un mot, nous dit Victor Hugo, mais j'ai envoyé les 50 francs.

« Il faudrait refuser, dit quelqu'un; vous êtes tous les jours dupé, on abuse de vous! »

— C'est vrai, répondit Victor Hugo; mais c'est souvent très-difficile de refuser. Il suffit que je me dise : « le malheur peut être vrai une fois, » pour que je me laisse tromper cent fois.

*
* *

Pour en finir avec cette exploitation du génie par la filouterie, rappelons un dernier récit du poëte...

— Ecoutez cette histoire, nous dit-il, elle est assez gaie :

L'autre jour, je rentrais. Dans l'escalier je rencontre un canonnier. Il me fait le salut militaire et me dit : « Grand citoyen, je lis le *Rappel* et je suis mal vu de mon colonel. Je suis canonnier à tel régiment. J'ai perdu mon pantalon d'écurie. Effet de l'Etat. Si je ne le présente pas immédiament,.. cinq ans de fers! Le pantalon vaut quarante sous; mais, pour en avoir un tout de suite, c'est quinze francs. Grand citoyen, je viens vous les demander. »

— Je crois même qu'il m'a appelé : Père de la Démocratie, ajouta Victor Hugo en souriant de son malin sourire.

Et j'ai donné les quinze francs.

Et comme nous riions de l'histoire de l'artilleur qui perd son pantalon...

— Mais attendez donc, dit Victor Hugo, ce n'est pas fini.

Quatre ou cinq jours après, Spuller dînait ici, je raconte l'aventure de l'artilleur qui perd sa culotte... et quand j'ai fini, Spuller reprend :

« Il y a deux jours, je rentrais chez moi, je rencontre un canonnier qui me dit : Honorable citoyen, je lis la *République française* et je suis mal vu de mon colonel... pantalon d'écurie, effets d'État... cinq ans de fers... quarante sous... quinze francs... Bref, le même boniment. Je ne lui ai donné que cinq francs, et il est parti enchanté..

Et je dis à Spuller : « Vous ne lui avez donné que cinq francs parce qu'il ne vous a pas appelé grand citoyen ! Mais s'il vous avait nommé, comme moi, Père de la Démocratie ! vous auriez lâché vos quinze francs ! »

CHAPITRE XXVI

Victor Hugo religieux. — Confesseur et pénitent. — L'abbé Levée. — Les bénitiers de Saint-Paul. — Le pair de France et le proscrit. — « Je choisis le bon Dieu. » — Victor Hugo spiritualiste. — Deux vers de Dante. — Un mot sur Victor Schœlcher.

Souvent nous avons entendu les ennemis politiques de Victor Hugo lui rejeter à la face son passé monarchique. Les journaux dévots ne manquent pas une occasion de rappeler qu'il a été religieux et, lui reprochant ce qu'ils appellent son apostasie, ils rééditent des histoires que Victor Hugo n'a jamais essayé de cacher, et que nous avons lues dans *Victor Hugo raconté*. Ils redisent sur tous les tons que vers sa vingtième année, à l'époque de son mariage, le poëte eut Lamennais pour confesseur.

Disons la vérité, Victor Hugo n'était pas un croyant, il fit part de ses doutes à Lamennais. Son confesseur lui dit : « Pratiquez! » Victor Hugo obéit, mais sans parvenir à plier son esprit.

« Patience, mon cher Victor, lui disait Lamennais, accordez-moi encore une année! ».. Et, sur ces entrefaites, l'abbé de Lamennais partait pour Rome. A son retour, ce ne fut pas l'abbé qui interrogea le poëte, mais le poëte qui put dire à son confesseur : « Eh bien, mon père? »

— Lamennais venait en effet de rompre avec l'Eglise! — Ah! mon cher Victor, dit-il, j'ai fait tous mes efforts pour être non-seulement un croyant, mais un fanatique. Je n'ai pas pu y parvenir, je romps avec le passé. Tourmenté par mes doutes, je suis allé à Rome! J'ai vu le pape! Tous mes efforts ont été stériles et vains, je ne crois plus.

C'est ainsi que confesseur et pénitent se retrouvaient tous les deux hors de l'Église apostolique et romaine.

*
* *

Pour mettre en joie les bons cléricaux, nous allons leur conter une autre histoire qu'ils ne connaissent sans doute pas, et dont ils pourront tirer bon parti pour prouver que Victor Hugo a été *religieux*.

C'était en 1846, Victor Hugo habitait le n° 6 de la place Royale. Parmi les hommes qui fréquentaient son salon se trouvaient l'archevêque de Bordeaux actuel, le cardinal Donnet, et l'abbé Levée, curé de Saint-Paul.

Notons au passage que sous Louis-Philippe le clergé de France passait pour assez libéral, et que l'on n'avait pas alors, pour le tenir en suspicion, les motifs qu'il a donnés depuis. N'a-t-on pas vu le clergé s'empresser de bénir les arbres de liberté en 1848? — et l'abbé Levée dont nous parlons, consacra ceux de la place Royale et de la Bastille.

Cet abbé était un brave homme, qui avait une ambition, celle de devenir évêque, et il l'avouait naïvement au poëte. L'évêché de Soissons était vacant, et le curé de Saint-Paul rêvant la mitre et la crosse demandait à Victor Hugo son appui auprès du roi.

Bref, l'abbé venait souvent place Royale.

*
* *

Mlle Adèle Hugo allait faire sa première communion. Un jour Victor Hugo reçoit de la Martinique un très-bel envoi de curiosités, parmi lesquelles deux superbes coquillages que le poëte place dans sa salle à manger.

L'abbé Levée vient en visite.

Et s'extasiant devant les deux coquilles : « Oh ! quels beaux bénitiers elles feraient ! s'écrie-t-il. Elles sont de la même espèce que celles de Saint-Sulpice, un peu plus petites, mais admirables ! »

— Monsieur le curé, faites-moi la grâce de les accepter pour votre paroisse.

— Oh ! vous me comblez, monsieur le vicomte !

Et le poëte fit porter les deux coquillages chez le curé.

Celui-ci ravi rédige une petite inscription, et demande à Victor Hugo la permission de la faire graver au-dessus des coquilles : Victor Hugo y consent, et l'abbé fait poser au-dessus des deux coquilles, transformées en bénitiers et placées à l'entrée de son église, une plaque de cuivre avec ces mots :

« Donné par le vicomte Hugo, pair de France, à l'occasion de la première communion de sa fille Adèle. 1846. »

Nous trouvons, nous libre-penseur, que ce n'est pas une preuve très-convaincante de cléricalisme que l'offre gracieuse de ces coquillages au brave curé ; mais attendez la fin !

Les années se passent, l'inscription gravée sur les plaques de cuivre se lisait toujours au-dessus des bénitiers, quand 1851 arrive ; le vicomte, pair de France, quitte sa patrie, et n'est plus qu'un exilé.

Vingt ans après il revient en France, et depuis bien des années le poëte avait oublié inscription et coquilles, quand une dame de la famille du poëte, qui connaissait l'histoire des bénitiers, entrant un jour à Saint-Paul, remarqua que l'inscription avait disparu.

Ce que l'Église avait bien voulu recevoir du vicomte, pair de France, elle n'avait plus voulu le tenir d'un proscrit.

A la confusion de qui tourne cette histoire, messieurs les dévots ? de Victor Hugo, ou du clergé ?

*
* *

Les idées spiritualistes de Victor Hugo lui attirent souvent des lettres et des visites.

Il reçut un jour d'un inconnu, qui lui reprochait de croire en Dieu, une lettre dont voici la dernière phrase : « Il est étonnant qu'un aussi grand génie soit aussi naïf. »

*
* *

Une autre fois, Victor Hugo reçut la visite d'un

citoyen qui lui posa pour ainsi dire cet ultimatum :
« Entre nous et le bon Dieu, il faudrait pourtant
choisir. » Et Victor Hugo lui répondit simplement :
« En supposant que vous ayez qualité pour me
poser cette question, je vous répondrai : Eh bien!
je choisis le bon Dieu. »

*
* *

Entendons-nous une bonne fois à ce sujet, et
pénétrons-nous bien de cette idée que spiritua-
liste ne veut pas dire catholique. Laissons donc
au grand poëte la liberté de conscience que nous
revendiquons pour nous-mêmes, et admirons
dans ce génie spiritualiste et déiste le plus redou-
table ennemi du cléricalisme. Voltaire n'était-il
pas déiste ?

Pour nous faire une idée juste et complète des
idées de Victor Hugo, relisons avec le chapitre
intitulé « les âmes, » dans *William Shakespeare*,
avec la « bouche d'ombre » des *Contemplations*,
relisons entre autres pièces dans l'*Année terrible* :

«à l'évêque qui m'appelle athée», et nous verrons
que si Victor Hugo a foi dans une vie future, il
repousse avec énergie le dogme et la théocratie, et
que s'il est déiste, il attaque violemment le vieux
bonhomme en barbe blanche, le féroce dieu des
armées, fait à l'image de Veuillot et de Dupan-
loup.

Quelles colères, du reste, se déchaînent contre
notre grand poëte dans le parti clérical. Quelles
haines il soulève dans le clergé !

« Les prêtres me détestent tant, disait-il un
soir, parce que je me place justement sur leur
terrain. Je parle comme eux de l'âme et de Dieu,
mais je déshabille la vérité de leurs fables. Je
supprime les farces et les pantalonnades de ces
gens-là. Oui, je crois en Dieu et en une autre
vie ; mais je n'admets pas qu'un pigeon puisse fé-
conder une femme, qu'une femme puisse être
mère et vierge, et que trois fassent un !.. Et
quelle bizarre religion qu'une religion que les
femmes ne pourraient expliquer sans rougir !.. »

Le Maître ne croit pas possible la destruction du moi. C'est chez lui une foi profonde ! « Si vous me voyez, nous dit-il, calme et souriant devant la mort, sachant bien que le tombeau m'attend et l'acceptant pour ainsi dire gaiement, c'est que je crois à une vie future. Et notez bien que je me défie des caresses que nous faisons à nos idées pour qu'elles deviennent des opinions. Mais ici, c'est une conviction absolue. Je crois ; je dis plus, je suis sûr que nous ne mourons pas tout entier, que notre moi survit, et pendant que je vous parle je suis certain qu'autour de moi, près de moi, sont les âmes de tous les êtres chers que j'ai perdus, et qui m'entendent. »

*
* *

Je veux rapporter la manière adorablement spirituelle dont Victor Hugo a mis en scène sa preuve, et par quel curieux argument il attaque ses adversaires. Un soir, avec Victor Schœlcher, matérialiste convaincu et inébranlable, cette question de la vie future était agitée, et Victor Hugo raconta ceci :

—Un jour, à Guernsey, je parlais de cette question avec Kesler, et je lui disais : Moi, je crois à l'immortalité ; non pas à l'immortalité du nom qui n'est que de la fumée, et je m'en moque ; mais à la vie persistante du moi. J'y crois, je me sens immortel.

— Moi pas, dit Kesler.

— Faites attention : il peut y avoir des épreuves-ratées. Ecoutez bien, cher Kesler...

Dante est chez lui ; de son stylet il écrit deux vers, et sort.

Lui parti, les deux vers se mettent à dialoguer.

Le premier dit à l'autre : Quelle chance ! nous sommes des vers de Dante, nous voilà immortels !

— Pas si sûr que ça, reprend le second !

— Comment vous ne vous croyez pas immortel ! moi je vous l'affirme ! j'en suis sûr ! je le sens !

— Moi je ne le sens pas, fait le second ; je ne me sens pas du tout immortel !

Là-dessus, Dante rentre, relit ses deux vers, laisse le premier et efface le second ! les deux vers avaient raison tous les deux.

—Voyez, cher Kesler, si vous êtes le vers raté, je n'ai plus rien à dire.

— C'est terrible, savez-vous, ce que vous me dites là, Hugo, reprit Kesler; non je ne veux pas être une épreuve ratée !

Et depuis ce jour, ajouta le poëte, Kesler ne me dit plus qu'il fût matérialiste !

*
* *

Cette spirituelle et poétique allégorie ne convainquit point Victor Schœlcher, qui, sans vouloir discuter plus longtemps sur ces ardus problèmes métaphysiques, rapporta un mot charmant que M. Ed. Millaud, député des Bouches-du-Rhône, venait de faire à propos de son matérialisme.

— Il faut savoir que Victor Schœlcher ne boit jamais une goutte de vin; même en mangeant, il n'use que de thé. —

« Savez-vous pourquoi Victor Schœlcher ne boit jamais de vin? » demanda M. Millaud à quelques députés réunis autour de M. Schœlcher à la buvette de l'Assemblée. — Et comme nul ne répondait.

« C'est, ajouta-t-il, parce qu'il sait qu'il y a un Dieu pour les ivrognes. »

CHAPITRE XXVII

La liberté religieuse. — Une mère. — Un discours du pape.
— Pie IX en 1846. — Comme quoi madame A. H. n'a pas
baisé la mule du pape.

Un soir de 1876, je dînais chez le poëte, avec
MM. S... et B. ; on parla de la séance où le fou-
gueux orateur catholique de Mun avait exprimé à
la tribune, avec une audace sans réticences, les
théories les plus ultramontaines et les plus théocra-
tiques, et l'on agita la question de la séparation
de l'Eglise et de l'Etat. Il n'y eut qu'une voix pour
la réclamer, et chaque convive ne s'arrêtait
qu'aux moyens pratiques d'arriver à cette solu-
tion. Incidemment, M. B. nous étonna beau-
coup en nous apprenant que la liberté religieuse
n'était pas encore si complète que nous le pen-

sions : « Pendant que j'étais à la chancellerie, nous dit-il, j'ai arrêté des poursuites dirigées contre quelques paysans habitant du côté de Sancerre, descendants probables des Cathares ou des Vaudois. Ces braves gens allaient le dimanche, avec leurs femmes et leurs enfants, à quatre lieues de leur village, pour entendre dans une espèce de grange je ne sais quel pasteur qui leur lisait les livres saints, et leur faisait un prêche.

Depuis mon départ de la chancellerie, les poursuites ont été recommencées en vertu de la loi sur les réunions, et on a sans doute interdit leurs assemblées. »

A propos de l'intolérance et de l'audace cléricale, M. B. ajouta cette histoire qui lui est personnelle.

— Ma mère, dit-il, habite son petit village de X... Elle va chaque dimanche à la messe, accompagnée de sa servante.

Il y a quelques jours, le curé en chaire crut devoir tonner contre les républicains, et me prenant personnellement à partie, dit que j'étais un homme dangereux et damné.

Alors ma brave femme de mère se lève, et tout haut, d'un ton énergique, en pleine église, elle jeta ces mots à la face du prêtre. «Monsieur le curé, vous êtes un malhonnête homme ! je sors d'ici, et je ne remettrai jamais plus les pieds dans cette église tant que vous y serez ! »

Là-dessus, elle sortit fière et digne avec sa servante.

— Ah ! c'est bien, c'est très-bien cela ! s'écria Victor Hugo ! Je vous prie de mettre aux pieds de madame votre mère mon respect et mon admiration.

*
* *

Le 25 juin de la même année, nous parlions à table du discours que venait de faire le pape Pie IX, discours odieux et misérable, où il y avait entre autres cette phrase : « Les pères et les fils s'égorgeront, etc... » Et Victor Hugo rappelait les espérances libérales que cet homme avait données en 1846. Voilà le pape que j'ai salué à son avénement! disait le poëte, et dont j'ai dit le 13 janvier 1848 à la Chambre des pairs. « Il y a à l'heure où nous parlons, sur le trône de saint Pierre, un homme, un pape, qui a subitement aboli toutes les haines, toutes les défiances ; qui a fait faire un pas à la civilisation humaine ! et cela, comment ? de la façon la plus calme, la plus simple et la plus grande, en communiant publiquement, lui pape, avec les idées des peuples, avec les idées d'émancipation et de fraternité.

... Oui, j'y insiste, un pape qui adopte la Révolution française, qui en fait la Révolution chrétienne, et qui la mêle à cette bénédiction qu'il répand du haut du balcon quirinal, sur Rome et sur l'univers, *urbi et orbi* ; un pape qui fait cette chose extraordinaire et sublime, n'est pas seulement un homme, il est un événement ! »

** **

M. A. H. qui avait vu le pape en 1846, disait qu'à cette époque le chef de la chrétienté était fort peu catholique. Il avait été soldat, franc-maçon même, et ne faisait certes pas attendre ce qu'il est devenu depuis.

M. A. H. était avec sa femme en Italie. Le prince Galitzine les invita un jour à aller à Tivoli. — Le pape y vient demain, leur dit le prince et nous le verrons.

A Tivoli, on avait orné l'église de guirlandes et d'oriflammes, les cierges étaient allumés, tout était prêt pour recevoir le souverain pontife. Le pape arrive en voiture, passe devant l'église sans même la regarder, et va droit au palais du gouvernement. Alors les religieuses, les vieilles dévotes qui l'attendaient à l'église, courent au palais, et c'est là que le pape consent à les recevoir ; il se jette sur un siége, et se renversant d'un air dédaigneux et ennuyé, il leur donne son pied à baiser.

A chaque instant pour se distraire, il puisait dans sa tabatière une large prise de tabac, l'aspirait en reniflant bruyamment, puis refermait sa tabatière en la faisant craquer avec des airs de Frédéric Lemaître, dans *Robert Macaire*.

Madame A. H., catholique, voulut aller au baise-pied ; le prince Galitizine l'en détournait ! Mais non, madame, ne faites pas cela ! disait-il.

— Mais si ! ça m'amusera quand je rentrerai à Paris, de dire que j'ai baisé la mule du pape.

Elle était très-jolie et très-distinguée. Quand le pape vit cette belle jeune femme s'avancer vers lui et s'agenouiller, il retira brusquement son pied, et de l'air le plus galant du monde tendit la main vers elle, et lui offrit son anneau à baiser.

C'est ainsi que madame A. H. revint sans avoir baisé la mule du pape.

CHAPITRE XXVIII

Les élections sénatoriales. — Au Luxembourg. — Victor
Hugo sénateur de Paris.

En 1875, Paris devait nommer ses sénateurs.
On se demandait si Victor Hugo éloigné depuis
1871 des assemblées publiques, consentirait à
faire partie de la Chambre haute, et le désir de
tous les citoyens était de voir le grand poëte se
consacrer encore à la défense de la République.

Victor Hugo accepta ce nouveau devoir civique,
et il fut, comme on sait, le délégué de Paris pour
les élections sénatoriales.

Au jour de l'élection, une foule immense
assiégeait les abords du Luxembourg, emplis-
sait les jardins et les rues voisines. Le peuple de

Paris était venu pour saluer le triomphe de la République et acclamer le poëte.

*
* *

Quand, par suite de quelques mesquines combinaisons politiques, et grâce à la timidité de quelques électeurs privilégiés, le nom de Victor Hugo ne sortit pas le premier du scrutin, pour toute cette foule frémissante ce fut une cruelle déception ! Et ces milliers de citoyens avaient la tête basse, comme après une défaite. L'échec de M. Buffet à Castelsarrasin, connu vers trois heures et demie, fit seul un peu de joie à ce peuple qui n'aime ni ne hait à demi, et qui n'admet pas les compromis byzantins de la politique étroite. Victor Hugo était le grand nom, hors de pair, qui s'imposait, et le peuple ne pouvait comprendre pourquoi et comment il n'était pas sorti le premier de l'urne.

Enfin, vers quatre heures, quand le deuxième vote nomma Victor Hugo quatrième sénateur de

Paris, ce fut une explosion de joie, et les visages soucieux rayonnèrent !

Un instant après, Victor Hugo apparut sur la porte du Luxembourg. Une immense acclamation retentit. Des tonnerres d'applaudissements et de bravos éclatèrent; on criait : vive la République, vive Victor Hugo : vive notre *unique sénateur !*

Les agents de police durent frayer un passage au poëte jusqu'à sa voiture, mais le cocher ne pouvait avancer que bien lentement. Les acclamations continuaient, et suivi de cette foule enthousiaste, le fiacre dut remonter au pas la rue de Médicis, et la rue Gay-Lussac. Là, Victor Hugo, pour se dérober à cette ovation qui ne pouvait finir, dut se réfugier dans un hôtel, où il comptait attendre l'heure de revenir au Luxembourg prendre part au troisième tour de scrutin.

*
* *

Dans cet hôtel encore il ne put se recueillir. La maison était habitée par des Valaques et des Roumains. Ces étrangers, apprenant que Victor Hugo était près d'eux, rédigèrent aussitôt une adresse, et vinrent la présenter au grand poëte, qui n'appartient pas seulement à la France mais à l'Humanité.

CHAPITRE XXIX

Victor Hugo au Sénat. — Discours sur l'amnistie. — V......
et son quatrain ! — Discours contre la dissolution. — « Je
retire le mot. » — Le talisman. — Une lettre de petite
Jeanne.

C'était le lendemain du jour où Victor Hugo
avait prononcé au Sénat son discours sur l'amnis-
tie. A dîner, le Maître eut quelques paroles de
reproches pour la gauche, qui, on s'en souvient,
garda un silence peut-être trop absolu pendant
que de sa voix puissante, avec l'autorité du droit
et de la vérité, Victor Hugo faisait justice de l'Em-
pire : « Comment, dit-il, voilà des hommes dont
plusieurs ont été proscrits, qui pendant vingt ans
ont attendu l'heure où ils pourraient juger le cri-
minel de Décembre, et qui restent muets quand
une voix vien porter à la tribune française les

paroles de justice, et exprimer ce qu'ils ont tous au fond du cœur? Pas un ne soutient de son applaudissement celui qui exprime leur pensée !»

Et comme V. Schœlcher disait au poëte que ce silence avait été scrupuleusement observé par la gauche afin de ne pas provoquer une seule interruption de la droite, et de lui permettre d'achever son discours vengeur :

« — Eh bien, reprit Victor Hugo, il y avait pour eux un moyen d'être vraiment grands en gardant le silence. Il fallait qu'on trouvât au vote 130 voix pour l'amnistie ! »

Au point de vue humain ce fut une tristesse pour le poëte de ne voir à ses côtés que neuf sénateurs demandant l'oubli de la guerre civile, et l'apaisement par le pardon. Mais combien de citoyens furent avec lui ! quelle émotion sa parole excita en France, quel écho son appel trouva dans les cœurs !

*
* *

On parla ensuite d'un journaliste « simple jésuite et triple gueux ; » catholique, — nous ne disons pas chrétien, — qui, répondant aux paroles de paix et d'oubli qu'avait prononcées Victor Hugo, ne trouva que ceci à imprimer dans son journal : « Quant à vous monsieur Hugo, on vous dit zut ! .»

Cette apostrophe, pleine d'urbanité et de mansuétude, eut le don de dérider le front un peu assombri du poëte, et après avoir daubé le pauvre gâteux, écrivain de troisième ordre, à qui les républicains ont daigné faire une réputation, Victor Hugo nous dit en riant le quatrain qu'il avait fait jadis sur cet homme :

O V:......, face immonde encor plus que sinistre,
Laid, à faire avorter une femme, vraiment !
Quand on te qualifie et qu'on t'appelle cuistre,
   Istre est un ornement !

*
* *

Le 21 juin 1877, Victor Hugo prononçait au Sénat, contre la dissolution, un mémorable discours auquel les ministres du 16 Mai ne trouvèrent pas un mot à répondre. Quand le poëte descendit de la tribune, ils enfoncèrent la tête dans leurs paperasses, témoignant par leur prudent silence qu'aucun d'eux n'osait se mesurer avec le grand orateur dont l'histoire a recueilli les paroles.

Le soir même, j'allais chez Victor Hugo. Son salon était peuplé d'hommes politiques venus pour le féliciter. Le Maître corrigeait les épreuves de son discours : quand il eut fini, on causa. Et il nous dit qu'au moment où, jugeant le 16 Mai, il l'avait appelé une insurrection, au milieu des interruptions que provoquait ce mot, quand la droite criait : « Retirez le mot! retirez le mot! » le duc Pasquier, président, dit simplement : « Je m'étonne que M. Victor Hugo se soit servi de cette expression. »

— Je n'ai rien retiré, et j'ai continué, dit le poëte; le président me connaît bien, et n'a pas insisté; il s'est contenté de dire : « Je m'étonne. » Et il a bien fait.

Car si le Sénat, si le président eussent voulu me faire retirer le mot, je l'aurais fait en ces termes : « Je retire le mot insurrection; en effet, il est trop faible ! Quand on trouble le repos d'un pays qui ne songeait qu'à se préparer à la grande lutte pacifique de 1878 ; quand par un coup de tête inqualifiable on arrête toutes les affaires, on paralyse le commerce ; quand on chasse, sans autre motif que le bon plaisir, la majorité d'une assemblée qui représente la majorité du pays, ce n'est pas seulement une insurrection, c'est un crime. »

Voilà comment j'aurais retiré le mot.

*
* *

Puis le Maître me dit : « Je vous écrivais aujourd'hui même du Sénat » et m'emmenant dans son cabinet, le poëte me donna ma lettre dont la première phrase porte une date historique, et rappelle un grand jour :

21 juin, 2 h.

Cher poëte, dans dix minutes je vais monter à la tribune : je profite de ce répit que me donne la politique pour me tourner vers la poésie, et je vous écris... etc...

Après m'avoir donné ce précieux billet, le

Maître ajouta en souriant : « J'avais emporté un talisman au sénat. » Et ouvrant sa serviette de maroquin noir, il me montra parmi les grandes feuilles de papier de Hollande où était écrit le discours qu'il venait de prononcer, une petite page arrachée d'un cahier d'écolier où Jeanne de sa main inhabile encore , et en lettres d'un centimètre, avait écrit le matin même à son grand-père , ces mots touchants dans leur naïveté, et dont je respecte scrupuleusement l'orthographe.

« Papapa, je t'enbrace bien for, je t'aîme et je travail bien.

« TA PETITE JEANNE. »

Victor Hugo avait ainsi emporté au Sénat, comme une suprême consolation aux tristesses politiques, les naïves et douces paroles de sa petite-fille, mêlées à ses éloquentes et superbes pages.

Et pendant que la droite du Sénat l'interrompait par ses hurlements, qui sait si à cette tribune, sans écouter l'orage qui grondait autour de lui, l'orateur ne redevenait pas le grand-père attendri et souriant, au souvenir de sa petite Jeanne dont il se répétait la lettre enfantine ?

CHAPITRE XXX

Anniversaires. — Une députation de dames américaines. — Sonnet d'A. Houssaye. — Une adresse des citoyens des Etats-Unis. — Le toast de Jeanne. — La cellule de la religieuse.

Le 26 février, jour anniversaire de la naissance de Victor Hugo, le tout Paris littéraire et politique vient saluer le grand Maître et lui souhaiter de nombreuses années de vie et de travail ! En 1875, une députation de dames de la colonie américaine avait sollicité l'honneur d'offrir au poëte l'hommage de leur admiration au jour de sa naissance. Victor Hugo, obéissant à un sentiment que je soupçonne fort d'être de la coquetterie, répondit que la célébration de l'anniversaire de sa naissance lui rappelait qu'il avait une année de plus !.. Mais à qui le Maître fera-t-il croire qu'il vieillit, quand il inaugure les années nouvelles par la publication de ces livres superbes : *la Légende des Siècles*, ou *l'Histoire d'un Crime?*

Les dames américaines n'en vinrent donc pas moins, au jour de la fête, apportant au poëte une couronne de vert laurier, moins vert que lui. Et une belle miss de vingt ans dit avec un petit accent anglais, d'une saveur charmante, ce sonnet d'Arsène Houssaye :

Dimanche tu disais : ne chantons pas ma fête,
Puisqu'une année encor m'approche du tombeau.
L'Amour passe à la Mort le feu de son flambeau.
Le cyprès est le seul bouquet qui ceint ma tête...

Tu ne crains pas la mort, sourde, aveugle et muette...
Ce n'est pas pour Hugo que chante le corbeau.
Continue à chercher le vrai comme le beau.
Les hommes comme toi sont des dieux, ô poëte!..

La jeunesse a trempé ton âme, tu vivras!
Les siècles ne seront pour toi que des années,
Quand Dieu t'appellera vers d'autres destinées,

C'est l'immortalité qui t'ouvrira les bras,
Toujours jeune et toujours belle ; c'est le mystère.
Tu seras chez les dieux, mais sans quitter la terre.

** * **

Puis, Mme de Hasard, le sculpteur, présenta à Victor Hugo deux adresses, l'une au nom des femmes américaines, l'autre au nom des citoyens des États-Unis.

Voici le texte de la dernière :

Illustre poëte,

Les citoyens des États-Unis verront toujours des frères dans les compatriotes de Lafayette; mais, en venant vous souhaiter de nombreux et heureux retours de cet anniversaire de votre naissance, ce que nous saluons surtout en votre personne, c'est le génie qui fait de vous un citoyen de tous les pays du monde, tout en ne vous laissant d'égal dans aucun.

Nous acclamons aussi en vous le génie, prophète du progrès. Prophètes étaient appelés les anciens poëtes, parce que leurs paroles étaient l'éclair d'une pensée qui laissait le présent bien loin derrière elle. De même, vous à qui il était réservé de vivre dans une époque d'agitations, vous avez, dans vos glorieuses visions, percé de part en part la sombre horreur du temps présent, et fait luire aux yeux de tous les clartés d'un avenir où les principes de liberté, de paix et d'humanité seront implantés dans tous les cœurs et chéris de tous, comme ils le sont déjà de vous.

Au nom des opprimés, dont vous avez plaidé la cause; au nom des malheureux, dont vous avez séché les larmes; au nom de tous ceux que vos nobles écrits ont remplis de généreux sentiments et de résolutions viriles, nous appelons sur vous les bénédictions du ciel; et si à cette prière nous n'ajoutons rien, c'est parce que, pour exprimer convenablement l'amour et la vénération que nous éprouvons pour vous, il nous faudrait, chose impossible, une plume comme la vôtre.

*
* *

En 1877, un dîner de famille précéda la soirée traditionnelle. Sur la table un superbe massif de violettes était placé devant le poëte ; c'était M^llo Jeanne qui l'offrait à papapa. Et, au dessert, après les toast variés qui furent portés au Maître, M^llo Jeanne dit ces mots :

« Moi, qui suis la plus petite, je bois au plus grand... »

Et voici comment un journal, l'*Homme libre*, rendait compte de la soirée qui suivit : « Le lundi 26 février paraissait *la Légende des siècles*. Le soir, il y avait foule chez Victor Hugo, on s'empressait autour du poëte ; jugez si on parlait du livre superbe, et si le Maître était félicité. Dans le salon rouge nous avons remarqué Vacquerie, Meurice, Gustave Flaubert, Lockroy, Noël Parfait, E. Lefèvre, Pelletan, Louis Leroy, Paul

Foucher, Valade, P. Elzear, R. Lesclide, Gou-
zien, Tourgueneff, Lafagette, etc., etc. Dans la
soirée, un jeune poëte républicain, notre ami et
collaborateur Gustave Rivet, a offert une pièce
de vers à Victor Hugo. » — Suivait mon humble
poésie.

*
* *

En 1877, au jour de la fête du poëte, je vis
dans le salon une petite boîte, vitrée des deux
côtés, et qui laissait voir l'intérieur d'une cellule
religieuse.

Pour tout ameublement : un lit, une cruche
d'eau, un balai et des sandales de bois ; au mur,
deux images de dévotion ; et, à genoux près de
son lit, une religieuse de cire, vêtue de sa robe de
bure. C'est une cousine de Victor Hugo, qui lui
avait envoyé le fac-similé de sa cellule.

Cette religieuse, femme de cœur et d'intelli-
gence, est la fille du colonel Hugo, immortalisé
par l'épisode du cimetière d'Eylau, dans *la Lé-
gende des Siècles* : mariée toute jeune à un

homme qu'elle adorait, elle devint veuve au bout de trois mois. Elle donna alors sa fortune à son frère, ne gardant que la dot nécessaire à son entrée en religion, et se fit carmélite.

Elle écrit au poëte des lettres très-touchantes, très-élevées, et pleines d'admiration. Par respect pour le Maître, elle l'appelle « oncle », au lieu de cousin. Le jour de la fête de Victor Hugo, elle lui avait envoyé, avec le fac-simile de sa cellule, un peu d'eau de sa cruche dans un flacon, et un morceau de son pain. Toute la famille du poëte goûta de ce pain, et but, à la santé de la carmélite, quelques gouttes de l'eau de sa cruche. L'absente se rappelait ainsi au souvenir des vivants.

CHAPITRE XXXI

La Noël chez Victor Hugo. — La Chambre des poupées et
le Sénat des *porrichinels*. — Discours sur l'amnistie. —
Les prisonniers en liberté. — Pour les pauvres.

Qui n'a admiré, dans *l'Art d'être grand-père*,
un poëme d'une héroïque et attendrissante con-
ception, *l'Epopée du Lion*. Cette fiction merveil-
leuse me fait songer au grand poëte lui-même ; le
lion, n'est-ce pas lui? le justicier terrible, s'at-
tendrissant à la prière d'un enfant, n'est-ce pas
lui? Nul ne s'est arrêté devant l'enfance avec des
regards plus caressants et plus émus. L'enfance
le charme et l'apaise; il est ravi devant ces beaux
yeux naïfs emplis d'aurore, et devant ces petites
bouches roses qui bégayent les mots du paradis.

Les enfants sont sa joie, il est heureux au milieu d'eux, et comme il sait les amuser, les charmer! en mettant toujours au fond de ses jeux, de ses amusements, quelque grande idée.

*
* *

Il improvise pour ses petits-enfants des contes moraux comme celui de la bonne puce et du méchant roi : vous entrevoyez l'office du petit insecte piquant, chargé de punir les fautes du roi.

Il leur dit l'histoire du bon chien qui, mourant victime de son dévouement pour la petite fille qu'il doit protéger, est transformé en ange. Cette canonisation du chien n'est peut-être pas fort orthodoxe.., au point de vue catholique ; mais pourquoi donc, en bonne morale, le martyre d'une bête ne serait-il pas récompensé comme celui d'un homme ?

Il dit le conte de l'âne qui, chose admirable, avait deux longues oreilles..., et dont, chose plus admirable encore, l'une des oreilles entendait *oui*, tandis que l'autre entendait *non*. De sorte que ce pauvre âne se trouvait appelé sans cesse par deux voix contraires : le bien et le mal.

*
* *

Le poëte a un talent spécial pour organiser les fêtes d'enfants. Je ne veux pas passer sous silence la Noël de 1877.

Mlle Jeanne et M. Georges avaient envoyé des invitations à leurs petits amis.

Tout un charmant petit peuple arrivait à 2 heures de l'après-midi, 21, rue de Clichy.

Le salon était illuminé à giorno, et une épaisse tapisserie fermait la porte de la salle à manger. C'est là qu'était Victor Hugo, et la surprise de la fête.

La portière s'écarte, et des cris d'admiration sortent de toutes ces petites bouches : le lustre était transformé en arbre de Noël !

Toute la charmante troupe se précipite et se presse dans la salle à manger ; et les cris d'admiration redoublent quand on voit Victor Hugo ayant à sa droite et à sa gauche une légion de poupées et un régiment de polichinelles, adossés à un banc de vieux chêne.

Au-dessus des poupées était cette inscription : *Chambre des poupées*. Sur la tête des polichinelles on lisait : *Sénat des porrichinels*.

Quand tout le petit monde fut installé, jusqu'à un bébé de dix mois, étendu sur des coussins, le poëte prit la parole, et déclara à son auditoire qu'avant de distribuer les joujoux on allait statuer sur le sort de malheureux prisonniers. — « Messieurs les sénateurs, Mesdames les sénateuses, dit Victor Hugo, les malheureux que vous allez juger sont de grands criminels ; ils commettent chaque jour des attentats monstrueux, ils ne vivent que de pillages, et le vol est pour eux une habitude. Si vous leur faites grâce, ils recommenceront encore. Ils n'ont aucun respect pour les choses saintes, et se rendent coupables des actes les plus impertinents et les plus sacriléges contre les édifices religieux. En un mot, ce sont de grands scélérats. Je vous propose cependant de leur faire grâce et de voter l'amnistie. Qu'on amène les prisonniers ! »

Et l'on apporta au poëte un objet soigneusement couvert. « Les voilà, ces misérables, dit le Maître, ils ne se repentent pas du tout de ce qu'ils ont fait; que ceux qui sont cependant d'avis de leur pardonner, lèvent la main ! »

Et tous les petits enfants levèrent les mains.

Alors Victor Hugo, soulevant le voile qui cachait l'objet mystérieux, découvrit une cage où étaient enfermés deux pauvres petits moineaux qui, effrayés par la subite lumière, se mirent à pousser des cris aigus.

Victor Hugo alla à la fenêtre, l'ouvrit et, prenant les deux prisonniers, leur donna la volée, aux applaudissements de son charmant sénat.

Ensuite commença la distribution des jouets; l'arbre de Noël fut pillé, puis on tira au sort le nom de chaque enfant; les petites filles eurent les poupées, les garçons les polichinelles. Et je recommande aux mères de garder comme des reliques ces poupées et ces polichinelles, afin que, devenus grands, les enfants puissent dire : « Voilà un joujou que m'a donné Victor Hugo. »

*
* *

La distribution des joujoux terminée : « Il reste encore un lot, dit le poëte, c'est le gros lot! » et il montrait un billet de cinq cents francs.

Ici je dois dire qu'on tricha un peu, et le gros lot fut gagné par les pauvres.

CHAPITRE XXXII

Georges et Jeanne. — Jeanne à cheval. — Mots d'enfants. —
On tire les rois. — Victor Hugo à Thionville. — Petit Georges
et le général prussien. — Vive la République ! — Défini-
tion du paradis. — Les histoires. — Bons points et mau-
vais points. — Victor Hugo privé de dessert.

Quand approche l'heure du dîner, on entend
du salon rouge la porte de l'antichambre s'ouvrir :
puis, un bruit de voix joyeuses, de frais éclats de
rire ; le chat Gavroche effaré court se cacher
sous les canapés, et les deux beaux petits enfants,
Georges et Jeanne, illustres déjà, font irruption
dans le salon.

Ils courent à papapa, grimpent sur ses genoux,
l'embrassent, lui tirent la barbe... et le grand-
père est ravi.

Un soir même, entrant à l'improviste dans le
salon rouge, nous vîmes Mlle Jeanne à cheval sur

le dos de papapa, et Victor Hugo dans l'attitude bien connue de Henri IV recevant l'ambassadeur d'Espagne.

*
* *

Victor Hugo, nous l'avons déjà dit, est un causeur intarissable : la politique, les voyages, les arts, les lettres, sont des sujets sans cesse renaissants pour la causerie. Que de souvenirs ! que d'idées !

Mais quand les enfants sont là, à eux la royauté. C'est d'eux que le poëte parle ; c'est d'eux qu'il s'occupe ; et souvent, remontant dans le passé, il croit voir dans son petit Georges, dans sa petite Jeanne, revivre ses propres enfants.

Il aime à raconter les faits et gestes de sa petite famille. Cette poésie de l'enfance que le poëte a créée !.. jugez combien il l'a sentie. C'est avec un bonheur ineffable qu'il parle de ses enfants et de ses petits-enfants.

*
* *

François-Victor apprenait à écrire et traçait des bâtons énormes; à côté de lui, son père travaillait. — C'est drôle, dit tout à coup l'enfant interrompant son œuvre, et regardant l'écriture de son oncle; quand on a des grosses mains on écrit petit, petit; et quand on a des petites mains on écrit gros, gros.

Une autre fois, il voyait déraciner un arbre : — Papa, dit-il tout pensif à Victor Hugo, pourquoi les hommes, quand ils sont morts, on les met dedans la terre, et les arbres, quand ils sont morts, on les met dehors de la terre?

Un jour, la dernière petite fille du poëte vient le trouver tout en pleurs; — elle avait trois ans. — Empêche donc le frotteur de faire comme ça, il me pousse toujours ma chambre. — Sa chambre consistait en deux tabourets rapprochés dans un coin, et derrière lesquels elle était chez elle, dans sa chambre.

Oh ! les chers souvenirs, et les divins enfantil-
lages ! Le Maître met une gaîté émue à ces pe-
tits récits. Il faut l'entendre redire *le compliment
du jour de l'an :*

— C'était place Royale ; au matin du premier
janvier, je vois entrer mes deux fils, deux bambins,
un rouleau de papier sous le bras ; Charles s'ap-
proche, me regarde ; puis, brusquement fond en
larmes, me jette son rouleau et se sauve. Fran-
çois, au contraire, sans s'émouvoir de la fuite de
son frère, vient gravement près de moi, et avec
le sérieux et le calme le plus imperturbable com-
mence ainsi : — Mes chers parents, au jour de
l'an, sans covetant, sans couverture... et Vic-
tor Hugo débite un boniment de dix lignes où,
au milieu d'un tohu-bohu de mots barbares et
inintelligibles, surnagent çà et là quelques lam-
beaux de phrases sans suite, un charabias du
plus haut comique. — C'est tout ce qui restait,
dit le poëte, du compliment du père Morin, l'ins-
tituteur de mes fils.

*
* *

Je ne finirais pas si je voulais raconter toutes les drôleries de Mlle Jeanne, le bonheur et la joie de papapa. J'en prends quelques-unes dans le riche répertoire du Grand-Père.

Petite Jeanne commençait à parler. Un jour elle rentra triomphante de la promenade, et se campant devant papapa, elle lui dit avec orgueil :

— Maintenant, il y a des petites filles plus petites que moi !

Ce jour-là Jeanne avait boudé ; elle n'avait pas voulu déjeuner à côté de son grand-père :

— Hé bien ! lui dit Victor Hugo, j'achèterai une autre petite fille, qui voudra bien déjeuner avec moi.

Alors Jeanne, jalouse et furieuse, d'un ton menaçant : — Eh bien ! moi, je la *perdras* dans les bois ?

Elle avait bien six ans, quand un soir elle arrive au dîner avec un petit éventail japonais.

— Tu as un bien bel éventail, Jeanne, lui dit Victor Hugo.

— Oui, répond Jeanne avec un profond sérieux; c'est moi qui l'ai choisi. Maman m'a ouvert un crédit de six sous.

Comme une demande d'argent avait été repoussée par sa mère, Mlle Jeanne s'adressa en ces termes à A. Vacquerie : — J'ai des tas de choses à acheter, donne-moi vingt sous. Si tu trouves que c'est trop, donne-moi deux francs; mais comme c'est la fête de Georges, tu ne peux pas lui donner moins de dix sous.

Une fois, abordant son grand-père, Jeanne lui dit : — Bonjour, cher Maître.

Un soir, on tirait les Rois chez le grand poëte, car on tire les Rois chez ce démocrate, et c'est le bonheur de ses petits-enfants de se mettre sous la table, et d'appeler à tour de rôle les noms des convives, à qui on offre une part de gâteau.

Je me souviens même que, ce soir-là, Mlle Jeanne, séduite par une partie de pigeon-vole que j'avais jouée avec elle avant dîner, me fit l'honneur de me nommer le premier !

Ce soir-là, Victor Hugo raconta une aventure du petit Georges.

C'était à Thionville, après la guerre ; Victor Hugo avait voulu voir cette malheureuse place, qui avait subi un bombardement terrible.

Sous Napoléon 1er, cette place avait été défendue deux ans par le général Hugo ; rien n'avait pu réduire ce vaillant défenseur : il n'avait pas capitulé.

Le Poëte arrive donc à Thionville avec sa famille, et va visiter les ruines de l'hôtel de ville incendié par les bombes prussiennes. Le maire qui l'accompagnait, montrant un encadrement sur un pan de muraille calciné, lui dit : « Hélas, le portrait du général Hugo a été détruit. »

— Monsieur le maire, repondit le Poëte regardant le factionnaire ennemi qui se promenait l'arme au bras sur la place, mon père n'aurait pas voulu être prisonnier des Prussiens !

Puis le Maître se mit à dessiner les ruines de l'hôtel de ville, tandis que de fraîches voix d'enfants — l'avenir — chantaient la *Marseillaise* dans un jardin voisin.

Pendant que le Poëte visitait la ville, Georges jouait dans la cour de l'hôtel, sous les yeux de sa gouvernante. Un général prussien, sortant de son appartement, vit ce bel enfant, et s'approchant de lui : « Voulez-vous me donner la main, mon petit ami ? » lui dit-il affectueusement.

Petit Georges redressant sa taille de quatre ans et regardant en face le général : « Non ! » cria-t-il brusquement en rejetant ses deux mains derrière son dos.

— A qui est cet enfant, mademoiselle ? demanda le général à la gouvernante.

— Monsieur, dit-elle en désignant Georges, est le petit-fils de Victor Hugo.

— Ah! je comprends, fit le général; vous avez raison, mon petit ami.

Et il sortit.

***

C'est en des récits de ce genre que s'achevait le dîner; tout à coup, au moment où le roi de la fève buvait, comme on criait : le roi boit, vive le roi!.. petite Jeanne, debout sur sa chaise et levant son verre, cria : « Vive la République! »

***

Vous vous imaginez peut-être que Victor Hugo n'est qu'un poëte? Ne vous y trompez pas! il a bien d'autres talents qui font que ses petits-enfants l'adorent. Nul ne sait mieux que Papapa les amuser au dessert. Victor Hugo sait poser sur une carafe un gobelet, puis un porte-couteau, là-dessus faire tenir en équilibre une fourchette et un couteau, et couronner enfin cet échafaudage d'une cocotte en papier. Jugez de l'étonnement et du bonheur de Mlle Jeanne !

Victor Hugo n'est pas seulement un équilibriste, c'est encore un sculpteur remarquable. Il sait, avec de la mie de pain, modeler un cochon de lait et lui faire des jambes avec quatre allumettes. Et ces petites bébêtes font la joie de Georges !

*
* *

Ne croyez pas que j'aie fini de vous parler des enfants, l'amour du grand-père, sa joie, son sourire et sa lumière... Georges est un bel enfant, aux yeux noirs, au profil de camée antique, sérieux, réfléchi, affectueux et bon. — Jeanne une petite tête blonde, espiègle et rieuse, aux regards tout pétillants de malice.

C'est en les voyant tous deux que le poëte disait : —Voulez-vous ma définition du paradis ? La voici : « les parents toujours jeunes, et les enfants toujours petits. »

*
* *

Souvent le poëte a de longs entretiens avec ses enfants. Le grand génie se fait petit avec les chers petits, et il leur raconte de merveilleuses histoires, que je voudrais bien entendre !

C'est le poëte qui dessine les bons points et les mauvais points de Mlle Jeanne et de M. Georges. Selon leur travail, le dessin est bon ou méchant. Un bon point, c'est une fleur, c'est un cheval, c'est une couronne de laurier, c'est un oiseau qui tient une branche à son bec, c'est le soleil qui rit, c'est un bateau à vapeur, etc. Une des choses qui ravissent le plus Mlle Jeanne, c'est une bouteille dont le bouchon saute, et qui envoie un jet de liquide dans un verre, — esquisse d'après les naïves enseignes : « *A la Bière de Mars* ».

Un mauvais point, c'est... le soleil qui pleure, c'est un pot de chambre... et Mlle Jeanne est toute honteuse.

Un bon point, c'est encore une tête de petite fille, sur le front de qui rayonne une étoile, et un mauvais point, c'est... le contraire d'un front que menace un paquet de verges.

Faut-il maintenant dénoncer un des plus touchants enfantillages de l'aïeul ?

Lorsque Mlle Jeanne n'est pas sage, ce qui est rare du reste, et qu'elle est mise au pain sec, le grand-père, attristé, se prive lui-même de dessert.

CHAPITRE XXXIII

L'empereur du Brésil. — L'étiquette. — Don Pedro chez
Victor Hugo. — « Je suis un peu timide. » — « Veux-tu étran-
gler l'empereur ? » — Le petit-fils de Marc-Aurèle.

En 1877, don Pedro de Alcantara, empereur
du Brésil, visitait pour la seconde fois la France.
Il avait le plus vif désir de voir Victor Hugo, et
cela donna lieu à des incidents curieux.

Comme Louis XIV, l'empereur se plaignait de
sa grandeur qui l'attachait au rivage, et regrettait
que certaines règles de l'étiquette vinssent contra-
rier son désir. Il avait fait demander par son
ambassade, à Victor Hugo, si le poëte lui rendrait
sa visite, et le poëte avait répondu qu'il n'allait
chez personne. L'empereur envoya de nouveau
demander au poëte s'il pourrait le rencontrer en
quelque endroit pour lui être présenté.

Victor Hugo répondit que le vendredi suivant

il irait à Versailles, et que, si l'empereur du
Brésil voulait s'y rendre, il l'attendrait dans un
bureau du Sénat. L'entrevue fut ainsi réglée sur
ce terrain neutre. Là-dessus arriva le 16 Mai, et
la rencontre de l'empereur et de Victor Hugo,
qui devait avoir lieu le vendredi 18, fut manquée...

Alors don Pedro rompit avec toute étiquette et
fit tout simplement prier le poëte de vouloir bien
recevoir, chez lui, le visiteur qui se présenterait
seul, sans chambellan ni maître de cérémonies.

Le mardi 22 mai, à neuf heures du matin,
l'empereur du Brésil arrivait chez Victor Hugo.
En saluant le poëte, il lui dit ce mot que l'histoire
devrait recueillir : « Monsieur Victor Hugo, ras-
surez-moi, je suis un peu timide. »

Victor Hugo l'introduisit dans son salon et le
fit asseoir près de lui.

— « Un fauteuil partagé avec Victor Hugo, dit
alors l'empereur, c'est la première fois que ça me
fait l'effet d'un trône. »

Puis, ces deux hommes, la force et la grandeur,
la puissance et le génie, causèrent.

*
* *

Don Pedro se montra ce qu'il est, un ami de la France, de la lumière et du progrès ; et, parlant des autres souverains, il dit à Victor Hugo : « Il ne faut pas trop en vouloir à mes collègues ; ils sont tellement entourés, circonvenus, trompés, qu'ils ne peuvent pas avoir nos idées. »

Et Victor lui répondit : « Vous êtes unique... » Heureusement !

*
* *

Victor Hugo venait de publier *l'Art d'être grand-père*. Après avoir exprimé son admiration au Poëte, et lui avoir dit des vers de ce délicieux livre, don Pedro demanda au Maître la faveur d'être présenté à Mlle Jeanne.

Victor Hugo fit venir ses petits-enfants...

— Jeanne, dit le Poëte, je te présente l'empereur du Brésil.

— Voulez-vous m'embrasser, mademoiselle, dit don Pedro.

Et comme Jeanne lui présentait son front : Embrasse-moi donc, reprit-il.

Mlle Jeanne lui entoura alors le cou de ses deux bras, si étroitement que Victor Hugo, riant, lui dit :

— Est-ce que tu voudrais te donner le luxe d'étrangler un empereur ?

— Sire, dit ensuite le Maître, j'ai l'honneur de présenter mon petit-fils Georges à Votre Majesté.

Et l'empereur, se tournant vers Georges et lui caressant de la main ses beaux cheveux noirs :

—Mon enfant, dit-il, il n'y a ici qu'une majesté, (montrant Victor Hugo) : la voici.

*
* *

Victor Hugo offrit *l'Art d'être grand-père* à l'empereur.

— Qu'allez-vous écrire sur la première page ? dit celui-ci.

— Votre nom et le mien.

— J'allais vous le demander...

— Et Victor Hugo écrivit : « A don Pedro de Alcantara, Victor Hugo. »

Puis la causerie continua.

— Vous me préoccupez beaucoup, dit l'empereur au Poëte. A chaque instant je me demande : Que fait Victor Hugo à cette heure-ci ? — Je voudrais bien avoir une idée de l'emploi de votre journée.

Et le Poëte lui dit sa vie, son lever matinal et son travail de tous les jours. — « Après déjeuner, vers une heure de l'après-midi, je sors, ajouta le poëte en souriant, et je fais une chose que vous ne pourriez pas faire ! je monte sur les omnibus ».

— Pourquoi pas, reprit l'empereur, cela me conviendrait parfaitement, *l'impériale !*

***

On voit, par quelques échos de cette causerie, que don Pedro n'est pas seulement un homme intelligent, mais un homme d'esprit. Il ne répond assurément pas à l'idée que nous sommes accoutumés à nous faire d'un souverain, entiché de sa naissance, fier de son pouvoir, et dédaigneux des humbles mortels.

Le poëte demanda à don Pedro s'il n'était pas inquiet de quitter son empire si longtemps.

— Non, répondit l'empereur, les affaires se font très-bien en mon absence; il y a là-bas tant de gens qui valent autant et plus que moi.

Il ajouta : « Je ne perds pas mon temps ici. Je règne sur un peuple jeune, et c'est à l'éclairer, à l'améliorer, à le faire marcher en avant, que je fais servir mes droits... » Et, se reprenant : « Pardon, je n'ai pas de droits; je veux dire le pouvoir que je tiens des hasards de la fortune et de la naissance. »

A ces mots Victor Hugo lui dit :

— « Sire, vous êtes un grand citoyen; vous êtes le petit-fils de Marc-Aurèle ! »

Il était midi quand l'empereur et le poëte se séparèrent, et, quelques jours après, *le petit-fils de Marc-Aurèle* venait encore en simple citoyen s'asseoir à la table du poëte.

CHAPITRE XXXIV

Victor Hugo dans Paris. — Le peuple l'aime. — Le mot
d'un ouvrier. — En omnibus. — Rencontre comique. —
« Monsieur va au soleil ? » — La conférence du Château-
d'Eau. — Les funérailles de M. Thiers. — Le défenseur
de la liberté.

Comme le peuple de Paris aime ceux qui l'ai-
ment ! Toutes les fois que Victor Hugo assiste à
quelque cérémonie publique, la foule se préci-
pite sur son passage, l'entoure et l'acclame. C'est
un spectacle émouvant, que celui de ce peuple
qui fait au Maître de la pensée des ovations telles
que n'en eurent jamais les maîtres de la terre.

Il faut avoir vu au moins une fois Victor Hugo
au milieu de la foule, pour se faire une idée du
respect, de l'affection, de l'amour que la popu-
lation de Paris témoigne à son Poëte.

Au 18 mars 1871, au 26 décembre 1873, lors des funérailles de ses fils, Victor Hugo a senti le cœur de Paris souffrir avec le sien.

Aux obsèques de Mme Paul Meurice, de Frédéric Lemaître, de Mme Louis Blanc, de M. Thiers, il a vu les bras de la foule tendus vers lui; les mères lui présentaient leurs enfants comme pour qu'il les bénît ! de toutes parts éclataient les cris de : « Vive Hugo ». C'était à qui approcherait de lui pour lui serrer la main, si bien que malgré le recueillement du deuil, il semblait qu'en ces cérémonies le peuple accompagnât plutôt le triomphe du poëte, qu'un cercueil.

Devant ces démonstrations populaires d'une affection et d'un enthousiasme sans bornes, Victor Hugo se sent vivement ému, et son émotion se traduit par une pâleur marmoréenne ; la vie et la flamme semblent se retirer de la face pour se concentrer dans le regard, et les yeux qui brillent d'un feu profond, éclairent un visage de statue.

*
* *

Parfois l'amour du peuple se traduit en mots pittoresques, ou en faits touchants dans leur simplicité.

Aux funérailles de Mme Paul Meurice, comme le convoi passait devant une ménagerie installée sur les boulevards extérieurs, les lions rugirent, et un ouvrier dit ce mot que mon ami A. Pelleport a enchâssé dans ce sonnet.

Il marchait pensivement
Comme un prophète qui prie,
Suivant ta bière fleurie,
Noble femme au cœur charmant.

La foule, l'âme attendrie,
L'entourait pieusement.
Soudain un sourd grondement
Sort d'une ménagerie.

Et tandis que nous allions
Près du logis des lions;
Faisant retentir l'espace,

Le rugissement grandit.
Un vieil ouvrier me dit :
« *Ils sentent que l'autre passe !* »

*
* *

Quand Victor Hugo sort en simple particulier, le peuple respecte son *incognito* ; à peine ses amis osent-ils, s'ils le rencontrent, troubler d'un salut ses méditations et son travail.

Comme je l'ai déjà dit, il passe une partie de ses après-midi hors de chez lui, il travaille sur l'impériale des omnibus ou des tramways.

Il lui arrive parfois des rencontres comiques.

Celle-ci par exemple :

La nuit tombait ; Victor Hugo, sur l'impériale de l'omnibus, méditait, quand un homme de taille moyenne, à l'air vulgaire mais hardi, portant une moustache noire, vint s'asseoir à côté de lui, et à brûle-pourpoint, dit à son voisin... sans le connaître bien entendu, et sans être connu de lui :

— Eh bien ! je vais en avoir douze !..

— Ah, répondit vaguement Victor Hugo.

— Oui, je vais en avoir douze !.. mais il faut de la place pour tout ça !..

— Oui ! continue Hugo sans comprendre.

— Aussi vous comprenez, il faut que je change de local !

— Sans doute...

— Voyez-vous, monsieur... ça ne s'apprend pas, ça ! moi je n'ai jamais appris !

— Ah ! fait Victor Hugo intrigué.

— Le tout est de ne pas avoir peur ! on saute dessus, on a une baguette à battre les habits... on tape dessus tant qu'on peut, et ces gars-là ça vous obéit comme des ânes !

— Ah !

— Moi, j'ai commencé comme ça ! j'ai dit : Tiens, si j'essayais ; alors j'ai sauté sur le lion. (Ici, Victor Hugo prête l'oreille.) Une fois dessus, j'ai tapé... j'ai tapé... il a bien fallu qu'il marche !

— Vraiment.

— Et maintenant que j'en ai plusieurs ; je monte sur un, je tape dessus, il galope ; je tape à tour de bras, il galope plus fort ; après, je saute sur un autre, qui a vu faire son camarade, et il fait comme lui.

— Ah ! vous êtes dompteur de lions? dit le Poëte.

— Oui, vous savez ma baraque, à droite, en haut de la rue des Martyrs ; je suis connu partout, même il y a une chanson sur moi.

> C'est Pezon le dompteur,
> Le meilleur...

— La rime n'est pas riche, se dit Victor Hugo. Mais pour un dompteur !..

Et le Maître riait de bon cœur en nous racontant ce dialogue bizarre.

*
* *

Les conducteurs d'omnibus connaissent bien le Maître.

L'un d'eux recevant les trois sous de Victor Hugo, lui dit : « Ah ceux-là, monsieur, ils ne me quitteront jamais. »

*
* *

Une autre fois, c'était l'hiver, Victor Hugo,

qu'aucun temps n'arrête, montait sur l'impériale selon son habitude, quand le conducteur lui dit d'un ton en même temps suppliant et paternel : « Oh ! monsieur Victor Hugo, entrez donc aujourd'hui, je vous en prie ! il fait si froid ! »

Et Victor Hugo se rendit à cette prière.

*
* *

Un jour qu'il neigeait, Victor Hugo voyant son omnibus venir, fait signe au cocher d'arrêter. L'omnibus continue sa course ; le Poëte hèle le conducteur, qui lui montre le signal : *complet*, Victor Hugo insiste, et l'omnibus enfin modère sa marche et s'arrête, Victor Hugo l'atteint.

— Vous voyez bien que c'est complet ! dit le conducteur.

— Et là-haut ?

— Ah ! là-haut c'est libre !

— Eh bien je monte là-haut ?

— Ah ! si monsieur va au soleil ! reprit en riant le conducteur !

Et Victor Hugo s'installa philosophiquement sur l'impériale.

Rentré chez lui, il fit un dessin de son aventure :

La neige tombe à gros flocons, on le voit pelotonné sur l'impériale de l'omnibus. Et au-dessous, pour légende à ce dessin, le mot plaisant du conducteur : « Ah ! si monsieur va au soleil ! »

*
* *

Après la superbe conférence qu'il fit avec Louis Blanc au Château-d'Eau, au profit des ouvriers lyonnais ; pour se dérober à la foule qui l'attendait rue de Malte, le poëte quitta le théâtre par la porte des artistes, sur le canal Saint-Martin ; j'eus l'honneur d'accompagner le Maître jusqu'à sa voiture. Il n'y avait à cette porte qu'une cinquantaine de citoyens qui l'acclamèrent. Il partit. Arrivé rue de Clichy, le cocher refusait le prix de sa course. « C'est assez pour moi d'avoir eu

l'honneur de vous conduire ; je ne veux rien ! »
disait-il. — Victor Hugo insistait ; le cocher refu-
sait obstinément. — « Eh bien, voilà dix francs,
dit le Poëte, versez-les à la souscription ouverte
en faveur des ouvriers. »

*
* *

Victor Hugo revenait un jour du Sénat, à Paris,
le train était envahi, complet, et on donnait le si-
gnal du départ : le poëte n'eut que le temps de
monter à l'impériale d'un wagon. Il avait neigé, et
les bancs étaient encore tout inondés. Un ouvrier
qui se trouvait là reconnaît Victor Hugo, et aussi-
tôt, malgré la résistance du Poëte, il essuya le
banc avec sa blouse.

Victor Hugo, le remerciant, lui tendit la main,
et cet homme lui dit avec émotion : « Ah !
monsieur, ah ! citoyen, comme je suis fier de
vous avoir vu et de vous avoir touché ! »

*
* *

Le jour des funérailles de M. Thiers, au sortir du Père-Lachaise, une foule si nombreuse entoura Victor Hugo, que la voiture demeura assez longtemps immobile et captive ; les acclamations qui saluaient le grand citoyen étaient si pleines d'enthousiasme, que le cocher fut ému ; et, se retournant vers nous, il nous dit, les larmes dans les yeux : « C'est bien bête, n'est-ce pas, monsieur, un cocher qui pleure ! »

Enfin, on obtint que la foule s'ouvrît, et faisant un long détour pour trouver une voie libre, le cocher remonta jusqu'aux boulevards extérieurs ; mais la foule suivait toujours. Quand enfin, le cocher put, au bout d'une demi-heure, lancer ses chevaux au galop, quelques jeunes gens intrépides suivirent encore la voiture à la course, et l'un d'eux s'approchant de la portière, disait à Victor Hugo : « Ah ! citoyen, n'est pas aimé qui veut du peuple de Paris ! Demain, leurs s... journaux vont vous insulter, et nous aussi !.. mais ils nous trouveront quand le moment sera venu !.. »

*
* *

Oui, on l'aurait trouvé, aux côtés de Victor Hugo, le peuple de Paris, s'il en avait été besoin! La voix du poëte est toute puissante sur cette foule qu'un mot de lui pourrait soulever ou calmer. Et quand, à la veille du 14 décembre, on s'attendait à un coup de force, Victor Hugo, prêt à défendre le droit et la liberté, songeait à descendre dans la rue et à appeler le peuple. Et j'affirme que si le coup d'État avait été essayé, à l'appel du poëte, deux cent mille hommes se seraient pressés autour de lui, et, sans armes, auraient suivi le grand patriote, décidé à faire son devoir.

*
* *

Nos ennemis peuvent insulter et calomnier le grand citoyen; ils peuvent jeter sur sa gloire leur boue et leurs mensonges, le poëte sourit et passe : il a, pour oublier ces infamies, l'enthousiaste amour de la foule et les acclamations de tout un peuple.

Ce qui fait la vraie gloire, ce qui peut toucher

le cœur d'un grand citoyen, Victor Hugo a tout
cela! Il a le cœur des femmes et des mères, le
doux poëte, attendri et maternel ; il s'impose aux
esprits virils, le penseur et le philosophe ; il con-
quiert toutes les âmes ardentes et jeunes, le poëte
de la vie, de l'enthousiasme, de la liberté ; il
commande à tous les cœurs généreux et loyaux,
le serviteur du droit et l'esclave du devoir.

CHAPITRE XXXV

Conclusion. — Le génie.

Pour obéir à la préoccupation de vérité qui tourmente notre époque, et pour satisfaire à la légitime curiosité qui recherche les côtés familiers par lesquels les hommes éternels se rattachent à l'heure fugitive, et qui aime à voir vivre et palpiter le cœur sous l'immortelle draperie du marbre, j'ai pénétré chez Victor Hugo, j'ai montré le génie dans son intimité; et le poëte avec son indulgente bonté, me pardonnera d'avoir livré au public les souvenirs de ces heures passées près de lui, souvenirs qui sont le charme et l'honneur de ma vie.

Mais je veux, en terminant, rendre l'hommage que je lui dois, au génie dont notre siècle sera fier de porter le nom ; je veux replacer sur son socle, solitaire et hors de la portée de la foule, la grande statue que j'ai familièrement fait descendre parmi les hommes.

Oui, c'est en bronze éternel qu'il faut couler cette grande figure ; c'est sur un piédestal haut de cent coudées, bâti sur une cime, que les Phidias et les Michel-Ange dresseront ce colosse.

Aux pieds du Maître, la muse gravera sur une table d'airain le titre de ses œuvres, et les siècles à venir verront, éblouis, que ce grand esprit embrassa toutes les conceptions humaines, et qu'il n'est pas une gloire dont le front de cet homme n'ait rayonné.

Sublime comme Pindare, souriant comme Anacréon, terrible comme Juvénal et comme Dante, sévère et juste comme Tacite, pathétique et grand comme Eschyle et comme Shakespeare ; il est l'âme lyrique de la France, le chantre inspiré de l'enfance et de l'amour, et le justicier de la liberté ; romancier, historien, tragique, il est, de plus, le poëte épique du genre humain.

Ce n'est pas tout ! ce génie est citoyen, il aime sa patrie, la chante et la console. Ce citoyen a été illuminé par l'astre de la Révolution, et il s'est fait le défenseur de la justice et des droits. Partout où l'équité est violée, la raison honnie, la liberté enchaînée, la parole étouffée et la faiblesse foulée aux pieds, on est sûr d'entendre sa grande voix s'élever pour affirmer les justes revendications, ou pour lancer les protestations de la conscience indignée.

Et lorsque, dans quelques années, les renommées éphémères seront depuis longtemps évanouies, et les bruits du jour éteints; quand, une à une, les voix du siècle se seront tues; seule, la parole du grand Poëte sonnera dans l'avenir, et ses livres immortels seront les Bibles de nos descendants.

TABLE DES MATIÈRES

Pages.

PRÉFACE 1

CHAPITRE I

Cher lecteur... — Le trône de Victor Hugo. — 21, rue
de Clichy. — Le salon rouge. — Le cabinet de tra-
vail. — Les amis 7

CHAPITRE II

Le petit Victor pleure. — Le roi Joseph. — Victor Hugo
espagnol. — Jugement sur l'expédition d'Espagne. —
Le général Hugo et le cardinal-archevêque de Tolède.
— *Domine salvum fac regem*. — L'inquisition. — Les
condamnés délivrés. — Les juifs en Allemagne . . . 21

CHAPITRE III

Une comédie à propos d'un drame. — Le contrôleur
souverain. — Plusieurs pères ! — La fin d'un tyran.
— La légende de Notre-Dame de Paris. — Voyage en
Espagne. — La vallée de Roncevaux 33

CHAPITRE IV

Voyage à Louviers. — Un singulier garçon. — Un

Pages.

archéologue en délire. — L'histoire du mot : *gamin*.
— Une note des *Misérables*.   43

CHAPITRE V

Victor Hugo aux journées de Juin. — Le concierge du
nº 6. — Acquitté sans jugement. — Biscarrat. —
Quatre insurgés. — Le comte de Fouchécourt. —
Hugo et ses *domestiques*. — Discours dans le 10e bu-
reau. — Schœlcher embrasse Victor Hugo.   53

CHAPITRE VI

Hugo et Bonaparte. — Le poëte sur son échelle. —
Visite du prince Louis. — Ses calomnies. — Hugo
ministre ! ! ! — « Dites-leur qu'ils m'ont fait le 2 Dé-
cembre. » — La proposition des questeurs. — La loi
violée.   67

CHAPITRE VII

Le coup d'État. — La résistance. — La tête de Victor
Hugo mise à prix. — Cinq heures de fiacre. — Chez
le marquis. — Cinq jours de prison. — La fuite. —
Un soupeur malgré lui   77

CHAPITRE VIII

Victor Hugo à Bruxelles. — L'*Histoire d'un crime*. —
Aventures d'une bouteille historique. — La vente du
mobilier. — Les amateurs de reliques. — La boussole
de la Pinta   89

CHAPITRE IX

La loi Faider. — A Guernsey. — Avril répandu. — Quel
dommage de n'être pas proscrit ! — La littérature de
Jersey. — Le dimanche. — Prestige du pair de France.
— Ses priviléges. — Deux poules à la reine. — « Ah !
vous commencez trop tôt... ».   97

CHAPITRE X

Les espions. — Un pur ! — Une scène de francs-juges.

Pages.

— La jalousie d'une femme. — La malle à double fond. — Le jugement. — La prison pour dettes. — Un vilain monsieur !. 105

CHAPITRE XI

Hauteville-House. — La galerie de chêne. — Le fauteuil des aïeux. — La liberté. — L'encrier des quatre grands esprits du siècle. — La chambre Garibaldi. — Les dessins. 119

CHAPITRE XII

La jeunesse sous l'empire. — Lettres à Victor Hugo. — Billets précieux. — Salut à un nouveau-né. — Hennet de Kesler. — Le cabinet noir. — L'article du Code. — Inutile d'ouvrir 125

CHAPITRE XIII

Le bonhomme Durand. — Une chanson guerrière. — Un mot naïf et grand. → Hennet de Kesler et *les Misérables*. — Le dîner des enfants pauvres. — Le radeau de la Méduse 135

CHAPITRE XIV

1870. — Le retour. — Les larmes du patriote. — L'entrée dans Paris. — Le siége. — La table de Victor Hugo. — Un plat rare. — Distiques et quatrains . . 143

CHAPITRE XV

A Bordeaux. — L'élection de Garibaldi. — Démission de Victor Hugo. — L'immortel Lorgeril et l'abbé Jaffré. — A mort Victor Hugo ! — Le 18 Mars 151

CHAPITRE XVI

A Bruxelles. — L'attaque nocturne. — « C'est des Prussiens ! » — L'affiche de Liége. — A Vianden. — Le curé et la Lyre ouvrière. — Victor Hugo en Zélande. — Le capitaine du Télegrâaph. — Le doyen de Dor-

- Pages.

drecht. — L'Évangile et *les Misérables*. — 66, rue
La Rochefoucauld. —Victor Hugo directeur de théâtre.
— Un nouveau deuil. 157

CHAPITRE XVII

Le droit de grâce. — Victor Hugo et Thiers. — La pre-
mière de *Ruy-Blas*. — Le soufflet d'un père. — Trois
condamnées à mort. — Sauvées. — Les cent francs
de Louise Michel. 167

CHAPITRE XVIII

Un vers de *l'Année terrible*. — E. Lockroy au secret. —
Quatre mois de prison. — « *Je ne montrerais pas mon*
« *armée aux passants.* » — Le shah de Perse. — Le
bon frère et le sensible précepteur. — Trente livres
,pesant d'yeux crevés. — Un nom gravé sur des crânes. 175

CHAPITRE XIX

La peine de mort. — Bazaine. — Pour un soldat. — Le
châtiment moral. — Au Champ-de-Mars. — L'exemple. 183

CHAPITRE XX

La patrie. — Paris capitale du monde. — L'école de
Paris. — L'union des races latines. — Les États-unis
d'Europe. — Toast aux trois Républiques. — La dé-
mocratie en Allemagne. — L'avenir. 189

CHAPITRE XXI

Le travail. — Moi je suis le fondeur. — Hugo pensif.
— L'œuvre inachevée. — Livres inédits. — *Le Groupe
des Idylles*. 197

CHAPITRE XXII

Une lecture de *la Légende des siècles*. — Les manuscrits.
— *L'Art d'être grand-père*. 203

CHAPITRE XXIII

Fleurs de critiques. — *Notre-Dame de Paris*. — *Rolle* et

Pages.

Marion Delorme. — Destigny. — *L'Enfer !* — *Le Code de la politesse.* — Barbey d'Aurevilly. — Le Massacre de Saint-Barthelemy. — M. Cambolas. — Un distique de Victor Hugo. 207

CHAPITRE XXIV

Menus propos. — Le crayon de Baudin. — A une comtesse. — Un mot de Talleyrand. — Le premier discours à la Chambre des pairs. — Le Jumart. — Un mot du pape. — Un voleur. — Une lettre de jeunes filles russes. — Demandes d'autographes. — Deux vers de Victor Hugo. — Une grand'mère. — Le rossignol et les chouettes. 217

CHAPITRE XXV

Les escroqueries. — Demandes d'argent. — Un grand d'Espagne dans la dèche. — Un nom illustre chez Vacquerie. — Le lieutenant qui a mangé la grenouille. — L'artilleur et le pantalon. 227

CHAPITRE XXVI

Victor Hugo religieux. — Confesseur et pénitent. — L'abbé Levée. — Les bénitiers de Saint-Paul. — Le pair de France et le proscrit. — « Je choisis le bon Dieu. » — Victor Hugo spiritualiste. — Deux vers de Dante. — Un mot sur Victor Schœlcher. 237

CHAPITRE XXVII

La liberté religieuse. — Une mère. — Un discours du pape. — Pie IX en 1846. — Comme quoi madame A. H. n'a pas baisé la mule du pape. 249

CHAPITRE XXVIII

Les élections sénatoriales. — Au Luxembourg. — Victor Hugo sénateur de Paris. 255

CHAPITRE XXIX

Victor Hugo au Sénat. — Discours sur l'amnistie. — V...... et son quatrain ! — Discours contre la dis-

Pages.

solution. — « Je retire le mot. » — Le talisman. —
Une lettre de petite Jeanne. 259

CHAPITRE XXX

Anniversaires. — Une députation de dames américaines.
— Sonnet d'A. Houssaye. — Une adresse des citoyens
des États-Unis. — Le toast de Jeanne. — La cellule de
la religieuse. 265

CHAPITRE XXXI

La Noël chez Victor Hugo. — La Chambre des poupées
et le Sénat des *porrichinels*. — Discours sur l'amnistie.
— Les prisonniers en liberté. — Pour les pauvres. . 271

CHAPITRE XXXII

Georges et Jeanne. — Jeanne à cheval. — Mots d'en-
fants. — On tire les rois. — Victor Hugo à Thionville. —
Petit Georges et le général prussien. — Vive la Répu-
blique! — Définition du paradis. — Les histoires. —
Bons points et mauvais points. — Victor Hugo privé de
dessert. 277

CHAPITRE XXXIII

L'empereur du Brésil. — L'étiquette. — Don Pedro chez
Victor Hugo. — « Je suis un peu timide. » — « Veux-tu
étrangler l'empereur? » — Le petit-fils de Marc-Aurèle. 289

CHAPITRE XXXIV

Victor Hugo dans Paris. — Le peuple l'aime. —
Le mot d'un ouvrier. — En omnibus. — Rencontre
comique. — « Monsieur va au soleil? » — La conférence
du Château-d'Eau. — Les funérailles de M. Thiers. —
Le défenseur de la liberté. 295

CHAPITRE XXXV

Conclusion. — Le génie. 307

Évreux, Ch. HÉRISSEY, imp. — 778.